マルチアングル戦術図解

ソフトボールの戦い方

福田五志

はじめに

　近年のソフトボールにおいて、戦術の重要度は高まっています。「投げて」「打って」「捕る」といったことについては、高度なスキルまで一般に広く知られるようになりました。また効率のよいトレーニングによって、選手の身体能力は向上しています。選手の能力による優劣はつきにくくなっているのです。これにバットなど道具の改良が拍車をかけます。打球のスピードは上がり、ホームランは確実に増えています。一昔前のように一級品のエースピッチャーが1人いれば勝てる、という時代ではなくなってきているのです。

　戦術は「敵を知り、己を知る」ことから始まります。まず相手が何を得意とし、何を不得意としているかを分析すること。そのうえでどんな戦い方をしてくるかを予測します。そうすると、自分たちが何をするべきかが見えてきます。相手がどうするか、そのとき自分たちは何をすればいいのか、という相互作用が戦術力を高めます。

　戦術は不変ではありません。ピッチャーとバッターの力関係によって、臨機応変に考え直さなければなりません。試合状況によっても、刻々と変化します。イニングや得点差やカウントはもちろんですが、「試合の流れ」といった目に見えないものまで影響を及ぼします。戦術を立てるときには、これらを総合的に考える必要があるのです。戦術を生かすためには確認と準備が不可欠。また、指導者が攻撃側のタイムと守備側のタイムを取るタイミングも非常に重要です。ルールの範囲内で、タイムを効果的に且つタイミングよく使うことも、重要な要素です。

　本書は、こうした戦術についての考え方の習得と活用を目的としています。ソフトボールの基本的な技術を磨くことはもちろん大切なことですが、戦術について知ることで、なぜそういう技術が必要なのか、という理解も深まるはずです。本書を活用し、技術と頭脳の両面で活躍できる選手を目指してください。

　本書はあくまでも戦術をテーマとしていますが、もう一つソフトボールの選手として、スポーツ選手として忘れてはいけないことがあります。それはフェアプレーの精神です。戦術を知り、プレーの質を高めていくことと同時に、ソフトボールを通じて人間性を磨いていってくれることを期待しています。

福田五志

本書の使い方

本書では、ソフトボールの戦術を３Dグラフィックによる図を用いてわかりやすく示している。攻撃、守備の戦術、シチュエーションをさまざまな角度・視点からマルチアングル（多角的）に解説しており、より直感的に理解することができる。第１章はフォーメーション、第２章は守備戦術、第３章では攻撃戦術、第４章では状況別戦術を紹介している。目的に応じて活用しよう。

タイトル

習得する戦術の内容・名称が一目でわかる

指導のPoint
勝つための知識、上達のポイント

まずはココを押さえる！
最初に意識してほしいこと

check
その項の要点

3Dグラフィック図

3Dグラフィックを用いた図で戦術を解説。選手やボールの動きを矢印で示しており、説明文を読むことでさらに理解を深められる

──▶ =打球　　……▶ =送球　　━━▶ =選手の動き

point of view

その場面において重要な選手の視点から戦術を解説。マルチアングル図解によって、動きをイメージしやすくなる

選手

守備の選手はピッチャー（ P ）とキャッチャー（ C ）を赤、ファースト（ 1B ）を青、セカンド（ 2B ）を水色、サード（ 3B ）を緑、ショート（ SS ）を紫、レフト（ LF ）を黄色、センター（ CF ）をオレンジ、ライト（ RF ）をピンクに色分け。攻撃の選手はバッター（ B ＝バッターランナー）を黒、一塁ランナー（ 1R ）を茶色、2塁ランナー（ 2R ）をグレー、3塁ランナー（ 3R ）を白に色分けしている。

CONTENTS

はじめに ——————————————— 002
本書の使い方 ————————————— 003

第1章 守備の基本フォーメーション

- 01 守備の基本フォーメーション ————— 006
- 02 前進守備のフォーメーション ————— 014
- 03 長打に備えたポジショニング ————— 020
- 04 バントシフト ————————————— 022
- 05 スチール警戒シフト① ———————— 028
- 06 スチール警戒シフト② ———————— 030
- 07 1、3塁の守備 ——————————— 032
- 08 スラップバッティングに備えた守備 —— 038
- 09 ピックオフプレー① ————————— 042
- 10 ピックオフプレー② ————————— 046

第2章 守備戦術

- 11 守備戦術の考え方 —————————— 050
- 12 俊足好打、小技系バッターの攻略 —— 054
- 13 長打を狙ってくるバッターの攻略 —— 056
- 14 小柄で俊敏な左打ちの攻略 ————— 058
- 15 広角に長打を打てる強打者の攻略 —— 060
- 16 右投げ右打ちの攻略 ———————— 062
- 17 ピッチャーの適性と守備範囲 ———— 064
- 18 キャッチャーの適性と守備範囲 ——— 066
- 19 ファーストの適性と守備範囲 ———— 068
- 20 セカンドの適性と守備範囲 ————— 070
- 21 サードの適性と守備範囲 —————— 072
- 22 ショートの適性と守備範囲 ————— 074
- 23 ベースカバーの入り方と捕り方 ——— 076
- 24 外野手の適性と守備範囲 —————— 080

第3章 攻撃戦術

- 25 バッティングの基本戦術 —————— 086
- 26 送りバント ————————————— 090
- 27 スラップバッティング ———————— 092
- 28 セーフティバント —————————— 094
- 29 スチール —————————————— 096
- 30 ヒットエンドラン —————————— 098
- 31 ランエンドヒット —————————— 100
- 32 走塁のポイント ——————————— 102

第4章 状況別戦術

- 33 攻撃の基本戦術 ——————————— 104
- 34 走塁の基本戦術 ——————————— 106
- 35 無死、一死、二死／ランナーなし —— 110
- 36 無死1塁 —————————————— 112
- 37 一死1塁 —————————————— 114
- 38 無死2塁 —————————————— 116
- 39 無死3塁 —————————————— 118
- 40 無死1、2塁 ———————————— 120
- 41 無死1、3塁 ———————————— 122
- 42 無死2、3塁 ———————————— 128
- 43 無死満塁 —————————————— 130
- 44 一死2塁 —————————————— 132
- 45 一死3塁 —————————————— 133
- 46 一死1、3塁 ———————————— 134
- 47 一死2、3塁 ———————————— 136
- 48 一死満塁 —————————————— 138
- 49 二死からの攻撃戦術 ———————— 140
- 50 二死1塁 —————————————— 141
- 51 二死1、3塁 ———————————— 142
- 52 二死3塁 —————————————— 143

第1章

守備の基本フォーメーション

01 守備の基本フォーメーション

> まずは野手ごとの動き方を覚えよう

　どんな攻撃にもまんべんなく対応するための、守備の基本ポジショニング。野手同士がちょうどよい距離とバランスを保って、どこにも大きな穴ができないように守る。まずはここで野手ごとの役割と動き方の基本を覚えよう。

　ソフトボールは塁間が短く、下がりすぎると前のゴロに間に合わないため、ファーストとサードは前に出て守る。野球とルールがよく似ているが、この2つのポジショニングは別物と考える。

　ただしいつでも同じ位置で守るということは、バッターがセーフティバントやスラップバッティングなど、何かを仕掛けてきたときには、一転してもろさがある。臨機応変に守備位置を変えよう。

基本ポジショニングと役割

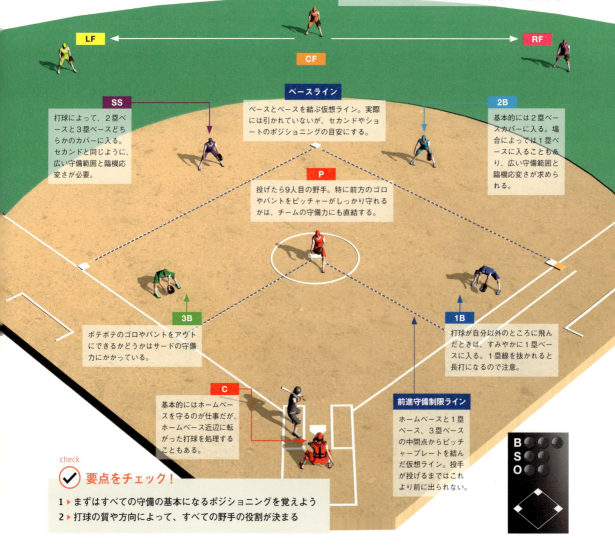

OF　外野手の3人はお互いが等間隔になるように守る。左右はファウルラインと隣との距離で、前後はフェンスと内野手との距離で測る。

SS　打球によって、2塁ベースと3塁ベースどちらかのカバーに入る。セカンドと同じように、広い守備範囲と臨機応変さが必要。

ベースライン　ベースとベースを結ぶ仮想ライン。実際には引かれていないが、セカンドやショートのポジショニングの目安にする。

2B　基本的には2塁ベースカバーに入る。場合によっては1塁ベースに入ることもあり、広い守備範囲と臨機応変さが求められる。

P　投げたら9人目の野手。特に前方のゴロやバントをピッチャーがしっかり守れるかは、チームの守備力にも直結する。

3B　ボテボテのゴロやバントをアウトにできるかどうかはサードの守備力にかかっている。

1B　打球が自分以外のところに飛んだときは、すみやかに1塁ベースに入る。1塁線を抜かれると長打になるので注意。

C　基本的にはホームベースを守るのが仕事だが、ホームベース近辺に転がった打球を処理することもある。

前進守備制限ライン　ホームベースと1塁ベース、3塁ベースの中間点からピッチャープレートを結んだ仮想ライン。投手が投げるまではこれより前に出られない。

check ✓ 要点をチェック！

1 ▶ まずはすべての守備の基本になるポジショニングを覚えよう
2 ▶ 打球の質や方向によって、すべての野手の役割が決まる

第1章 守備の基本フォーメーション

TACTICS
ボテボテのゴロ(バント)が投手前に転がった！

指導のPoint
エラーに万全の備えを！

予測していないバントやボテボテのゴロは、バッターランナーとの競争になるため、慌てて送球したボールが逸れるリスクもある。それだけに1塁ベースのバックアップが重要になる。

▶ ワンランクアップを目指す！
状況に適した守り方をする

これはあくまでも基本のポジショニングで、得意なスキルを駆使してくる攻撃には弱い。相手のチームカラーやバッターの特徴がわかっているなら、それに適した守り方に変化させていこう。

LF CF
1塁への悪送球で走者が2塁へ走ったとき、1塁ベース周辺から2塁へ送球される。そのバックアップのために1塁ベースと2塁ベースの延長線上付近へ寄っておく。

RF
送球が逸れたとき、1塁側ファウルエリアに転がってくる。ライトはこれに備えてバックアップをする。送球の位置と1塁ベースを結んだ延長線上まで動くことが大切だ。

2B
すばやく1塁ベースカバーに入る。

SS
エラーなどでランナーが2塁に走ったときのために、2塁ベースの近くまで寄っておく。

P 1B 3B
打者がバントの構えを見せたら、急いで前進する。バッターランナーを刺せるかどうかは、ここでどれだけ前に出て、早く打球を処理できるかにかかっている。バットを振った打球が、結果的にボテボテのゴロになったときは、最初の一歩が遅れがちなので注意。

C
ホームベースの周辺に転がったときは、捕手が出て打球を処理する（どこまでがだれの守備範囲かを野手同士で確認しておくこと）。自分で打球を処理しない場合は1塁ベースのバックアップをする。

Softball tactics

01 守備の基本フォーメーション

TACTICS
センターラインから左(サード、ショート、ピッチャー)への打球

LF CF
内野手が後逸した球や、捕れないほど強烈な打球は外野へ抜けてくる。打球を捕るつもりで動いておく。このときもできるだけ前で捕球するのが理想だ。

RF
1塁への送球が逸れたときのために、バックアップに動く。

2B
1塁ベースのバックアップに走る。

SS
ピッチャーやサードの横を抜いた打球をカバーし処理するⒶ。ピッチャーやサードの守備範囲でも後逸したときのために、必ず打球の後ろへ回り込んでおくⒷ。

1B
すみやかに1塁ベースに向かう。

3B
三遊間の打球には必ず反応して、自分の守備範囲なら捕球するⒷ。

P
自分の守備範囲のゴロを捕るⒸ。

C
1塁ベースのバックアップに走る。

指導のPoint
セカンドの動きをチェック

ショートにゴロが転がった瞬間にセカンドが打球に反応して2塁ベース方向へ走り出してしまうことがある。これでは肝心の1塁ベースのバックアップが遅れてしまう。見落としやすい点なので、監督やコーチが正しい動きをチェックする。

第1章　守備の基本フォーメーション

point of view
ライト側からの視点

> まずはココを押さえる！

1塁ベースの
バックアップ

送球が逸れたときは、ボールと1塁ベースの延長線上に転がる。まずはこれを意識してファウルエリアをカバーする。ファーストがグラブに当てて弾いたときには、どこに転がるかわからない。セカンド、ライト、キャッチャーの3人で幅広い範囲をカバーしておくのが理想だ。

> 指導のPoint

打球と
逆方向に動く

センターラインから左に打球が飛んだときは、ライト、セカンド、キャッチャーの3人は打球と逆方向に動く。ボールに反応して左に動いてしまったとしても、すぐに切り返して右に動くようにする。

> 指導のPoint

バックアップは
適当な距離を保つ

1塁送球の際、キャッチャー、セカンド、ライトがバックアップにいくが、その際3人は距離が近くなりすぎないように適度な距離を保つようにする。3人の距離が近くなると、バックアップできる範囲が狭くなってしまう。また、1塁との距離も適度に保ち、ボールが逸れたときは左右に動けるようにしておく。

Softball tactics

第1章　守備の基本フォーメーション

ファーストの守備範囲にゴロが転がった！

LF
1塁ベース上でエラーが起きたときに備えて、2塁ベースのバックアップへ向かう。

CF
内野手が後逸したときに備えて、まずは打球に反応する。捕ったのを確認したら、エラーに備えて2塁ベースのバックアップをする。

RF
打球コースに走り、その流れのまま1塁ベースのバックアップへ向かう。

SS
2塁ベースをカバーする。

2B
1塁線の打球は、ファーストが捕れなかったときに備えてバックアップしつつ、1塁ベースに向かう。ファーストが捕ったら、そのまま1塁ベースカバーに入る。

3B
内野に指示を出す。ランナーが2塁を回ってきたら3塁ベースに入る。

P
打球に自然に反応する。

C
1塁ベースのバックアップに走る。

point of view
真上からの視点

ベースに入るか送球か判断

指導のPoint

基本の位置は深めより浅め

ピッチャーは打ち取った打球をアウトにできないと落胆するもの。逆にバットの芯でとらえられて、クリーンヒットになったものは、自分の責任と割り切れる。そこで基本の守備位置は、深めよりも少し前進した守備位置を考える。

1B
明らかに自分の守備範囲に転がったゴロはファーストが処理する。打球の質とランナーの足から判断して、自ら1塁ベースを踏んでもいいしⒶ、1塁ベースへ入るセカンドへ送球してもいいⒷ。

Softball tactics　011

01 守備の基本フォーメーション

TACTICS
外野手の間を抜かれた！

▼

バックサードの場合の中継プレー

LF CF RF
全力で打球を追い、一刻も早くカットマンまで返球する。2塁打で止めるか、3塁打にしてしまうかは、外野手の打球処理までにかける時間しだいだ。

2B
右中間、ライト線のときはカットプレーにいき、レフト線のときには、2塁ベースカバーに入る。

SS
左中間、レフト線のときはカットプレーにいき、ライト線のときには、2塁ベースカバーか、2人目カットに入る。

3B
すみやかに3塁ベースに入って、返球を待つ。

1B
ランナーを2塁で止められそうなら、2塁ベースのカバーに入って、オーバーランしたランナーをけん制する。明らかに3塁まで進まれそうなら2塁手と3塁の中間に入る。

C
連係ミスが起きたときにはバックホームもあるため、ホームベースから離れない。長打の場合、3塁、本塁のコールをして野手を動かす。

P
3塁ベースの裏をバックアップする。このときボールと3塁ベースを結んだ延長線上になるように、ポジションを微調整する。

point of view
ピッチャーからの視点

指導のPoint
内野手がカット、バックアップ、ベースカバーをする

この基本のフォーメーションを練習し、肩の強さを知ることで、位置を覚えていく。

第1章　守備の基本フォーメーション

バックホームの場合の中継プレー（ランナー1塁）

指導のPoint
打球を処理しない外野手のポイント

左中間、右中間の打球処理はセンター、もしくはレフト、ライトの肩の強い選手に任せる。処理しない外野手は、打球のバックアップと声出しでプレーを助ける。

LF　CF　RF

全力でボールを追い、一刻も早くカットマンに返球する。1塁ランナーをホームインされてしまうか、3塁で止められるかは、外野手のスピードにかかっている。

2B

右中間やライト線のときはカットプレーをする。左中間なら、ショートのカットプレーのバックアップをする。

SS

左中間やレフト線のときはカットプレーをする。右中間なら、セカンドのカットプレーのバックアップをする。

3B

すみやかに3塁ベースに入って返球を待つ。

1B

バッターランナーが1塁ベースを回るまでは1塁ベース近くにいて、ランナーのベースタッチをチェックする。空踏みならアピールプレーになる。それを確認しながらバックアップのポジションに入る。ライト線のときだけは、カットプレーのセカンドをバックアップする。右中間、左中間はホーム手前のカットマンになる。

C

バックホームに備えてホームベースの前で待機する。

P

1塁ランナーがホームを狙ったときのために、ホームベースをバックアップする。このときボールとホームベースの延長線上になるように、ポジションを微調整する。

point of view
ピッチャーからの視点

指導のPoint
カットマンの助走を生かす

最初に打球を処理する外野手の送球は、ノーステップになるためカットプレーをする選手は、通常のカットマンの位置より2歩程度外野手寄りに入る。その後、捕球から送球にかけて反転しながら助走をつけて送球に入るので、遠くまで投げられる。

Softball tactics　013

02 前進守備のフォーメーション

後ろを犠牲にしてでも、前に出て守る

3塁ランナーをホームへ生還させたくないとき、またはバッターが俊足小技系で、セーフティバント、スクイズ、エンドランなどを警戒しなければならないとき、前進守備を敷く。特に接戦の終盤は、前進守備で1点を守れるかどうかは勝敗に直結する。

内野手は前進する分だけ、左右の強い打球に対する守備範囲は狭くなる。内野手の間を抜かれた打球には、外野手が猛チャージしてできるだけ前で捕球する。外野手も前に出る分だけ、間や頭上を抜かれるリスクは高くなるが、前も後ろも守ろうとすると中途半端になってしまう。最優先するランナーを決めて守備陣で意思を統一して守ること。

基本ポジショニングと役割（無死 or 一死 2、3塁）

check 要点をチェック！
1. 2塁、3塁にいるランナーをホームにかえさないためのポジショニング
2. ベンチ、野手全員の意思を統一して、ポジションを再確認する

LF CF RF
基本の守備位置から3歩程度前に出る。

2B SS
ベースラインを越えるくらいまで前進する。

1B 3B
前進守備制限ライン近くまで出る。

P
投げ終わったら野手の1人として、捕球姿勢をとり、準備する。

C
まずはホームベースを守るのを優先するが、バントなどがホームベースのすぐ前に止まったときには、出て行って処理することもある。

指導のPoint
指示をジェスチャーサインで伝達する

守備位置を確認するのにいつもタイムをとることはできない。そのときはあらかじめベンチ、キャッチャーからのジェスチャーサインを決めておく。

第1章 守備の基本フォーメーション

TACTICS
ポジショニングの仕方を工夫する（無死 or 一死2、3塁）

Ⓐ最初は超前進守備の位置にいて、ピッチャーの投球に合わせて数歩下がる。最初の守備位置でバッターはバントを成功させられるエリアが狭いと感じて、より正確に転がさなければいけないと感じる。

Ⓑ最初は基本の守備位置にいて、ピッチャーの投球に合わせてスッと前に出ていく。こうするとバッターは基本守備位置で守るものと思っているところに、突然前に出てこられて戸惑う。

指導のPoint
大事なのは投げたときにどこにいるか

ポジショニングすべてに共通することだが、大事なのはピッチャーが投げたときにどこにいるかだ。同じ前進守備でも、最初は少し下がったところにいて、ピッチャーが投げたときに2～3歩前に出ることもできるし、超前進守備から2～3歩下がる方法もある。これがバッターやランナーのベンチサインへの揺さぶりになることもある。

まずはココを押さえる！
前進守備のポイント

同じシチュエーションでも、前進守備をするのか、しないのかは、監督の考え方や相手との力関係などゲーム展開の予測によって変わってくる。1回表でも1点を守らなければならないこともあれば、終盤でも裏の攻撃があれば無理しないこともある。

Softball tactics 015

02 前進守備のフォーメーション

TACTICS
バッターがスクイズをした！（無死 or 一死3塁）

CF
ワンプレー目には直接は関係ないが、エラーなどが起きたときに備えて、2塁ベースのバックアップ。さらに2塁ベースカバーまで想定しておく。

RF
1塁ベースに入ったセカンドへの送球が逸れたときに備えてバックアップをする。

LF
スクイズの空振り、ランダウンプレーに備えて3塁のバックアップ。

指導のPoint
タイミングを確実に判断する
3塁ランナーがいるとき、スクイズプレーに対してホームでのアウトを優先するが、完全に間に合わないときは無理をせずにバッターランナーを1塁でアウトにする。

SS
3塁ベースに入る。

P　1B　3B
バントの構えをしたら全力で前に出て、すばやく処理する。3塁ランナーとのタイミングを見て、間に合えばホームへ送球する。

2B
スクイズプレーでは必ず1塁ベースのカバーに入る。

C
ホームから離れない。捕りにいくのは、ホームに入ってくるランナーにタッチできるところだけ。

ランダウンプレーに備えるフォーメーション

point of view
3塁ランナーからの視点

指導のPoint
サードは3塁ランナーが見えない
サードはスクイズされたボールを捕ったら、必ずランナーを見るクセをつけること。他の内野手と違って、サードはランナーが完全に背中側にいるため振り向かない限り見えない。これを怠ると、ランナーが3塁に戻っているのにホームにトスしてしまい、オールセーフというミスが起こる。

第1章　守備の基本フォーメーション

TACTICS
エンドランをした！（無死 or 一死3塁）

LF
打球に直接関係なければ、送球先を考えて2塁もしくは3塁ベースのバックアップをする（Ⓐ、Ⓑ）。三遊間の打球は、抜けてくることもあるため、内野手のバックアップをする（Ⓒ）。

CF
セカンド、ショートへの打球が抜けてくることもあるため、まずはそのバックアップ（Ⓑ、Ⓒ）。さらに先を想定して2塁ベースのバックアップまで行う。それ以外なら2塁ベースのバックアップをする（Ⓐ、Ⓓ）。

RF
1、2塁間の打球は内野手のバックアップ（Ⓐ、Ⓑ）。さらに1塁ベースのバックアップまで。それ以外は送球が逸れたときに備えて、1塁ベースのバックアップをする（Ⓒ、Ⓓ）。

SS
打球が自分以外のところに飛んだら2塁ベースカバーに入る（Ⓐ）。3塁ランナーのランダウンプレーの際は3塁ベースカバー、もしくは3塁バックアップに入る。

2B
打球が自分以外のところに飛んだら、1塁ベースのバックアップをする（Ⓒ、Ⓓ）。また1塁手が処理した場合は、1塁ベースカバーに入る（Ⓐ）。

3B
打球が自分以外のところに飛んだら3塁ベースカバーに入る。3塁ランナーのランダウンプレーの際は3塁ベースカバー、もしくは3塁バックアップに入る。

1B
打球が自分以外のところへ飛んだら、すみやかに1塁ベースに入る。打球処理したとき、1塁線寄りのプレーなら、バッターランナーにタッチする。

C
基本はホームを守る。

指導のPoint
ランナーの動きはベンチの声で知らせる
スクイズやエンドランは、必ずバッターよりもランナーが先に動く。しかし前進守備を敷いている野手からは、3塁ランナーのスタートが見えにくい。これを補うのがベンチからの声だ。「走った！」「スタート！」など、声を出す人を数人決めておく。もちろん声が通りやすい人がベストだ。

TACTICS

強い打球がセカンドの2塁ベース方向に飛んだ！（一死満塁）

4－6－3を狙う場合

LF まずは2塁ベースのバックアップ。その後はダブルプレーが崩れたときのために、3塁ベース方向へ向かっておく。

RF セカンドのエラーに備えて動いた後、1塁ベースのバックアップをする。

CF セカンドのエラーに備えてバックアップし、さらに2塁ベース方向へ走る。

SS 2塁ベースに入って、セカンドからの送球を1塁へ転送する。

2B 捕球したら2塁ベースに入ったショートへ送球する。

3B 3塁ベースに入る。

P 1塁ベースのバックアップをする。

1B すみやかに1塁ベースに入る。

C 基本はホームを守る。

point of view セカンドからの視点
セカンドは3塁ランナーのスタートが見える。3塁ランナーのスタートを見てバックホームか4－6－3かを判断する。

⚠ まずはココを押さえる！
アウトは取りやすいところから取る

強振した打球がセカンド正面へのショートバウンドゴロ。これは4－2－3のダブルプレーがセオリーだが、送球距離はやや長く、打者の足によっては1塁が間に合わないこともある。そこで一死ということも考えれば、4－6－3という一番やりやすいダブルプレーも狙える。臨機応変にアウトは取りやすいところから取るようにする。ただし得点差、イニング、打順などで判断し、優先する送球先を決めておくことが必要だ。

第1章　守備の基本フォーメーション

TACTICS
ツーランスクイズに注意する（一死2、3塁）

CF 2塁ベースのバックアップ。またはベースカバーに入る。

RF 1塁ベースのバックアップをする。

LF 2塁ランナーが3塁をオーバーランしたら送球される。それが逸れたときに備えて、バックアップをする。

2B 1塁ベースに入って、まずはアウトを1つ取る。ただしここでプレーが終わりではない。気を抜かず、ランナーの動きによっては、すぐさまバックホームできる体勢でいること。

SS 3塁ベースに入る。

P　1B　3B スクイズを処理して、1塁へ送球する。このとき2塁ランナーのことを忘れず、緩慢なプレーにならないようにする。

C 基本はホームを守る。

指導のPoint
ワンプレーで終わったと思わない。次のプレーを考える

ランナー2、3塁からスクイズを決められてしまったら、1塁へ送球してアウトを1つ取る。守っている側は落胆しがちだが、こういった場面でも緩慢なプレーにならないこと。無死または一死では、ツーランスクイズを狙っていることもあるからだ。アウトカウント、ランナーの足などを確認し合い、インプレーの間は3つアウトを取るまでは集中する。

Softball tactics　019

03 長打に備えたポジショニング

> 野手の間を抜かれないように守る

　セーフティバントなどの小技ができないバッターや、強打者が長打を狙ってくるのが明らかな状況では、深く守って長打に備えることがある。内野手は前を犠牲にする分だけ、左右と後方に強くなり、外野手は通常の守備位置では追いつけない大きなフライにも届く。ただし詰まった打球が外野手の前に落ちるリスクは高くなる。

　どういうときに長打に備えた守備を敷くのかは、チーム同士の力関係や監督の考え方、または試合状況などにもよる。図のようにランナー1塁で強打者を迎えたとき、一死なら、内野手は深めの中間守備。外野手は深めに守り長打での失点を防ぐ。

基本ポジショニングと役割（一死1塁）

LF CF RF
フェンスを直撃するようなライナーにも追いつけるような位置まで下がる。

SS 2B
外野手と連係してコースが空かないようにする。

3B
ファーストと同じように、3塁線をライナーやゴロで抜かれてはいけない。

1B
1塁線をライナーやゴロで抜かれると長打になってしまうため、絶対に捕れる位置まで下がる。

青い帯が警戒するゾーン

指導のPoint
内野手はゴロで横を抜かれない

外野手は下がっているので、左右と後方のフライには追いつける。ポテンヒットでも進塁は1つで止められる。しかし内野手の横をゴロで抜かれると1塁ランナーに三進され、1、3塁になってしまう。特に1塁線と3塁線は要注意。ここを抜かれるとホームインまであるので、絶対に避けなければならない。

check 要点をチェック！

1. 外野手は長打になりそうな打球にも追いつける位置で守る
2. ヒットを打たれたとしても、2つ先まで進塁されないように守る
3. 長打を打たれたとしても3つ先まで進塁されないように守る

第1章　守備の基本フォーメーション

TACTICS
センター、ライト前へのヒット！（二死1塁）

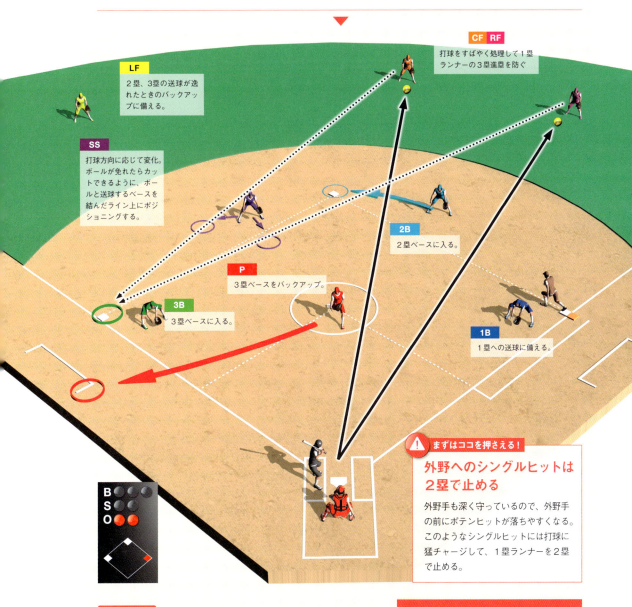

LF
2塁、3塁の送球が逸れたときのバックアップに備える。

CF / RF
打球をすばやく処理して1塁ランナーの3塁進塁を防ぐ

SS
打球方向に応じて変化。ボールが免れたらカットできるように、ボールと送球するベースを結んだライン上にポジショニングする。

2B
2塁ベースに入る。

P
3塁ベースをバックアップ。

3B
3塁ベースに入る。

1B
1塁への送球に備える。

⚠ まずはココを押さえる！
外野へのシングルヒットは2塁で止める

外野手も深く守っているので、外野手の前にポテンヒットが落ちやすくなる。このようなシングルヒットには打球に猛チャージして、1塁ランナーを2塁で止める。

指導のPoint
内野ゴロはオールファースト

2アウトの場合、内野は下がって守っているので、ショート・セカンドは2塁ベースに入るのが遅れるため、内野ゴロはすべてファーストへ送球する。2塁が間に合いそうだという内野手の勝手な判断が、ランナー1、2塁という状況を招く。またフルスイングがボテボテのゴロになったときには、無理して送球しないというのも大切。慌てて悪送球ということになれば、2、3塁という最悪の事態になる。

▶ ワンランクアップを目指す！
ランナーの先の塁へ送球する

シングルヒットで1塁ランナーが2塁に進んだとき、どうしてもランナーのいる2塁に送球したくなる。しかしランナーが不必要に飛び出していなければ、このランナーを刺すことはできない。送球するのはランナーのいる先の塁、つまり3塁だ。

Softball tactics 021

04 バントシフト

● バントがほぼ確実なときのポジショニング

イメージとして80パーセント以上の確率でバントがありそうなときには、バントシフトが考えられる。プッシュバントやセーフティバントを得意とするバッターはもちろん、接戦の終盤、無死ランナー2塁などは典型的な場面だ。簡単に一死3塁とされないようにしながら、バント失敗や2塁ランナーの刺殺を狙う。

ランナーの有無によって変化するが、基本的にバント処理はピッチャー、キャッチャー、ファースト、サードが行う。特にファーストとサードは、ピッチャーの手からボールが離れると同時に2〜3歩飛び出してすばやく処理する。

基本ポジショニングと役割（無死1塁）

LF CF スラップバッティングに備えて、二遊間、三遊間の後方をケアする。

RF 一二塁間の後方をケアする。

2B ファーストが前に出るため、1塁ベースカバーを優先しつつ、プッシュバントにも警戒しなければならない。

SS ランナーの有無やどこにいるかによって、移動先は変化する。ランナー1塁なら2塁ベースをカバーする。

P 速いボールや変化球を中心に組み立てる。チェンジアップはバントを合わせやすいし、球速が遅ければ、それだけランナーが離塁できてしまう。

3B 打ってくるかもしれないという気持ちがあると、出足が鈍る。バントシフトと決めたら、迷わず、勇気を持って出る。

1B 3B 投球までは前進守備制限ライン上。ピッチャーの手からボールが離れたら、さらに2〜3歩前に出る。

C 前に出て野手に指示コールをする。すばやい判断が必要。

check 要点をチェック！

1 ▶ ファーストとサードは投球と同時に前に出て構える
2 ▶ ランナーがいるとき、ベースカバーのいない空白の塁を作らない
3 ▶ 外野手もいつもより2〜3歩前に出て守る

第1章　守備の基本フォーメーション

TACTICS
プッシュバントをしてきた！（無死1塁）

Softball tactics 023

TACTICS
ランナー1塁で送りバントをした！（無死or一死1塁）

第 1 章　守備の基本フォーメーション

指導のPoint

3塁ベースの空白に注意

一時的に3塁ベースカバーがいなくなるため、1塁ランナーに3塁を狙われるとどうすることもできない。ピッチャー、ファースト、サードのうちバント処理に関係ないとわかったプレーヤーは、すぐに3塁に走る。また、気づいたプレーヤーがジェスチャーや声で指示することも忘れない。

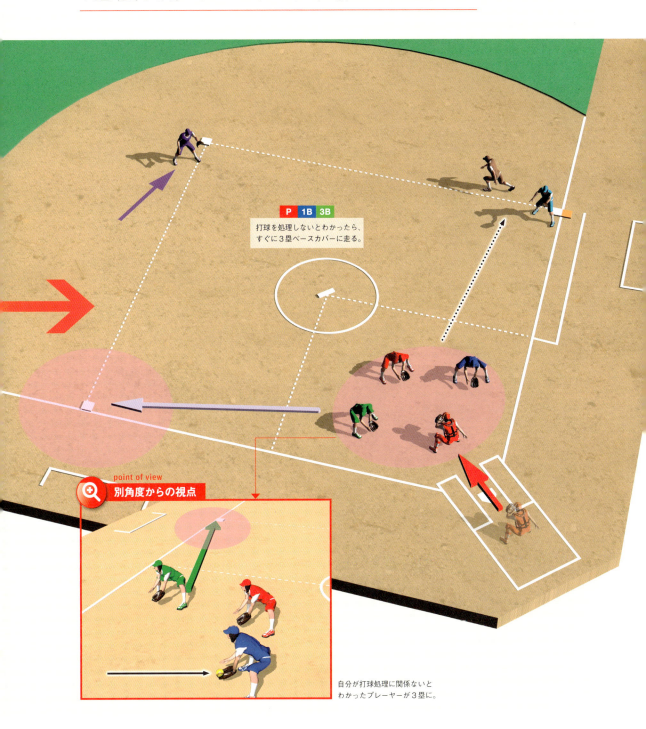

P｜1B｜3B
打球を処理しないとわかったら、すぐに3塁ベースカバーに走る。

point of view
別角度からの視点

自分が打球処理に関係ないとわかったプレーヤーが3塁に。

Softball tactics　025

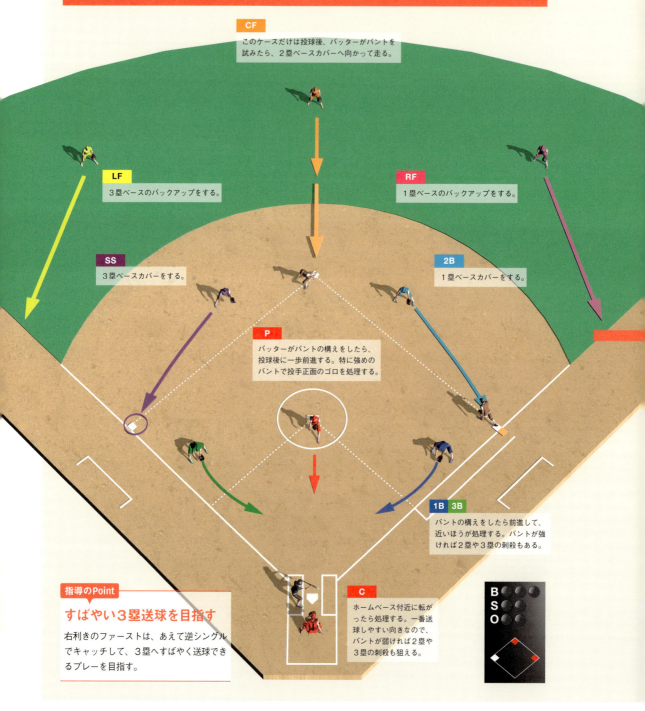

第1章　守備の基本フォーメーション

指導のPoint
空白となる2塁ベースカバーが課題

左ページのようにファーストとサードがバント処理のために前進すると、セカンドは1塁、ショートは3塁に入らなければならないため、一時的に2塁ベースカバーがいない。塁は埋まっているので、すぐにピンチが広がることはないが、そのままというのはよくない。一番近いセンターが、すみやかに2塁ベースまで走るのがセオリーだ。

point of view
センターからの視点

CF
2塁ベースカバーに入ることで、すべての塁をしっかり守れる。

1B
サードがバント処理する場合は1塁ベースに。

指導のPoint
内野手のみでベースカバーするときはサードがボールを処理する

内野手のみでベースをカバーする場合、ファーストが1塁、セカンドが2塁、ショートが3塁をベースカバー。サードがバント処理できるように、1塁方向にバントさせない配球をする。

Softball tactics　027

05 スチール警戒シフト①

▶ 1塁ランナーのスチールを2塁で刺す

　1塁ランナーのスチールが考えられるとき、それに備えて準備しておくことが大切だ。まず2塁のベースカバーに入るのはショート。セーフティバントや送りバントが行われたとき、セカンドは1塁ベースカバーに入らなければならないためだ。そのつもりで心構えをしておくこと。セカンドには、正確なポジショニングや高い判断力が問われる。

　単独スチールと見せかけて、ヒットエンドラン、ランエンドヒットの可能性もある。したがって、打球で逆をつかれないように投球が打者の前を通過してからスタートを切ること。

基本ポジショニングと役割（ショートがベースカバーに入る場合）

LF CF RF
3人で2塁ベースの裏をバックアップする。

2B
基本的に1塁ベースカバーに入ることを考える。バッターのタイプや走力なども考えて、ポジションを微調整する。高い判断力が求められる。

SS
1塁ランナーが走ったらすみやかに2塁ベースカバーに入る。ベンチから「走った」「スタート」という声で知らせるのも重要だ。

P
周りの声を聞いてしゃがむ。

1B 3B
アウトカウントによっては送りバント、セーフティバントもあることを頭に入れておく。

C
常にスチールに備えておく。

指導のPoint
広い三遊間に注意する

ショートが動くことによって、三遊間が広くなる。バッターにここを狙われると、当たりが悪くてもヒットになる可能性が高い。バッテリーはここを狙いにくい配球を考えて、ピッチングを組み立てたい。

check 要点をチェック！
1 ▶ ベースカバーの穴を狙われないように工夫が必要
2 ▶ 「こうしてくるはず」と決めつけず、状況が変化したら臨機応変に対応する

第1章　守備の基本フォーメーション

> ワンランクアップを目指す！
> ## セカンドの能力を高めていこう
>
> カギを握るのが、セカンドのポジショニングの的確さと、高い判断力だ。1塁ベースカバーが気になって、最初から1塁ベースに近づきすぎるのはよくない。かといって離れすぎて間に合わないのは論外。バッターとランナーの足、カウントなどを頭に入れて、どこでどのように守るのがベストなのか、と考える習慣をつけよう。

指導のPoint
ときにはセカンドがベースカバーに入る

バッターがセーフティバントをするタイプではなく、二死で送りバントもないケースなら、セカンドが2塁のベースカバーに入ることもできる。ショートだけしか入らないと、そこを狙われやすく、配球が偏りがちになる。どちらも入れることを見せておけば、バッターは狙い球を絞りにくくなる。

TACTICS
二死で1塁ランナーがスタートし、バッターがスラップバッティング

▼

セカンドがベースカバーに入る場合

SS
バッターが打たなければ、2塁のバックアップをする。

2B
2塁ベースカバーに入る。

P
周りの声を聞いてしゃがむ。

3B
3塁のベースカバーに入る。

1B
1塁のベースカバーに入る。

C
スチールする、しないにかかわらず、構え、スタンスなど常にスチールに備えておく。

指導のPoint
スラップバッティング時の動き方

サード、ショートはスラップバッティングの打球が飛んできたら、セカンドが2塁ベースカバーに入るのを確認してから2塁に送球。セカンドは打球がピッチャー、サード、ショートに飛んだらすばやく2塁ベースカバーに入る。ファーストは前進守備からスラップバッティングをされたら1塁ベースカバーに入る。

06 スチール警戒シフト②

▶ 2塁ランナーのスチールを、3塁で刺す

2塁ランナーがスチールをしてきたとき、3塁ベースカバーにはショートが入るのが基本だ。ただしショートだけしか入れないと、スラップバッティングやプッシュバントで、その穴を狙われる。場合によっては、サードも入れるのが理想だ。

このときバッターのタイプを考えることが大切だ。スチールと同じくらいバントを警戒しなければならないときは、サードは前進し、ショートの3塁ベースカバーが必須。右の極端なプルヒッターで、サードへ強い打球が来そうなら、サードが下がり気味で守り、同時にベースカバーもできる。

基本ポジショニングと役割（ショートがベースカバーに入る場合）

2B バッターが打たないのを確認して2塁ベースカバーに入る。バントされたときは、1塁ベースに入ることもあり、高いポジショニング能力が求められる。

SS セカンドランナーのスチールに警戒して3塁ベースカバーに。ランナーより遅れないようにする。

P 自分の守備範囲の打球を処理する。

3B バントもあるため、前をケアしなければならない。

1B バントを警戒して前進守備をする。打たなければ1塁ベースカバーに入る。

C 3塁ベースカバーにサードとショートどちらが入るのかをあらかじめ確認しておく。

check 要点をチェック！
1 ▶ 3塁スチールは、ショートがベースカバーに入るのが基本
2 ▶ 状況によっては、サードも入れるようにしておく

指導のPoint
バッターのタイプを考える

無死や一死で送りバントもある、または二死でもランナーの足が速く、セーフティバントやスラップバッティングを得意としている打者の場合は、ファーストとサードは前進守備をする。

第1章 守備の基本フォーメーション

TACTICS
2塁ランナーが走った！

▼

サードがベースカバーに入る場合

LF
3塁のバックアップをする。

SS
3塁ベースのバックアップをする。サードへのセーフティバントのときはいつでも3塁ベースカバーに入れるようにしておく。

2B
2塁ベースカバーに入る。

P
自分の守備範囲の打球を処理する。

1B
1塁ベースカバーに入る。

3B
3塁ベースカバーに入る。ただしサードからはランナーがまったく見えない。ベンチから「走った」「スタート」などで知らせる。

C
3塁ベースカバーにサードとショートどちらが入るのかをあらかじめ確認しておく。

⚠️ **まずはココを押さえる！**
エラーに万全の備えを！
バッターにバントやスラップバッティングがないときは、ファーストとサードは下がって守れる。野手はバッターが打たないのを確認してから動く。2塁ランナーがスタートを切った場合、エラーは即失点につながるので万全の備えが必要。

▶ ワンランクアップを目指す！
ベースカバーの質を高める
ベースに向かって走りながら、送球されたボールをキャッチ。これはランナーと間一髪のクロスプレーになることも多いので、一連の動作の質を高めたい。まず走るときに、送球やランナーを見ないで、ベースに向かって一直線に走る。早くベースに到達して、送球を待つ余裕があればミスは減る。走りながらベースを見て、送球やランナーも気になって…というときに、ベースの空踏みや後逸などが起きる。

07 1、3塁の守備

> 状況に応じた的確な守り方ができるようにする

　無死や一死で、ランナー1、3塁というケースは、1塁ランナーを走らせて、送球の間に3塁ランナーがホームを狙う、ダブルスチールがある。守備力に自信がないチームだと、2塁へは送球しないこともあるが、まずはそこから脱却したい。両方をしっかり守り切る守備力を身につけていこう。

　セカンドとショートの2塁ベースへの入り方がポイントになる。攻撃側は初球を見て探ってくることがあるため、ギリギリまでわからないように動いたり、1球ごとに守り方を変えたりすると、相手は動きにくくなる。ピッチャーは初球でしっかりとストライクを取りたい。

TACTICS
どうやって守るか整理する

▶ ワンランクアップを目指す！
あらゆる条件を考えて戦術を組み立てる

ピンチの場面でどのような守備体系にするか、1塁ランナーと3塁ランナーのどちらにウエイトを置くか、試合展開、得点差、力関係など、さまざまな条件を考えて決める。これがベンチワークだ。監督には的確な分析力が求められる。

ベンチワークを決定する要素
- 両チームの総合的な力関係
  - ➡ この試合は何点勝負になるか
- ピッチャーとバッターの力関係
  - ➡ ヒッティングか、バントか、その他か
- バッテリーとランナーの力関係
  - ➡ スチールか、バントか、その他か
- 何点差ならセーフティリードか
  - ➡ 4回4点、6回2点など

第1章　守備の基本フォーメーション

TACTICS
1塁ランナーがスタートを切った！

SS
セカンドがカットしなかったら、ボールは2塁ベースに入ったショートに到達する。ランナーとはタッチプレーになるため、それを見てから3塁ランナーが走ってくることもある。最後まで気を抜かず、すばやい動作を心がける。

2B
3塁ランナーを見ながら、ピッチャーサークルと2塁ベースの中間辺りに移動する。3塁ランナーがスタートを切ったら、送球をカットしてキャッチャーに返球する。

P
邪魔にならないようにしゃがむ。

3B
3塁ランナーが飛び出すことがあるため、すみやかに3塁ベースに入る。

1B
1塁ランナーが戻ることもあるため、すみやかに1塁ベースに入る。1塁ランナーが挟まれれば、ランダウンプレーになる。

C
キャッチャーが2塁ベースまでノーバウンドで、しかも低く鋭い送球ができるのが前提になる。1塁ランナーがスタートしたら、すばやく2塁へ送球する。その際に3塁ランナーを一瞬チェックすることが必要。

⚠ まずはココを押さえる！
みすみす2、3塁にされない
1塁ランナーがスタートしても2塁へ送球しないで、みすみす2、3塁を許してしまうチームがある。確かに悪送球すれば、失点してしまうリスクはあるが、それではレベルの向上はない。

check
✓ 要点をチェック！
1 ▶ 守り切るか、失点するかは、キャッチャーの力量にかかっている
2 ▶ 相手がやりたいことを予測して、的確に守る

TACTICS
攻撃側のやりたいことを見抜け！

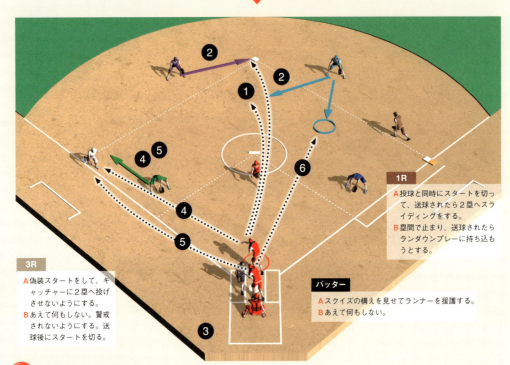

3R
A 偽装スタートをして、キャッチャーに2塁へ投げさせないようにする。
B あえて何もしない。警戒されないようにする。送球後にスタートを切る。

1R
A 投球と同時にスタートを切って、送球されたら2塁へスライディングをする。
B 塁間で止まり、送球されたらランダウンプレーに持ち込もうとする。

バッター
A スクイズの構えを見せてランナーを援護する。
B あえて何もしない。

⚠ まずはココを押さえる！
攻撃側の2つの狙い

1つ目が1塁ランナーを進めて、2、3塁としてから得点をあげるという狙い。この場合3塁ランナーが偽装スタートを切るなどして、1塁ランナーを助けることがある。2つ目が、最初から3塁ランナーのホームインを狙うケース。この場合1塁ランナーは犠牲となり、バッターが打つことよりも優先して走ることが多い。

攻撃側の狙い
A 2、3塁にしたい
B 得点したい

指導のPoint
やるべきことは6パターン

❶ 1塁ランナーがスタートを切ったのを見て、3塁ランナーが遅れてスタートを切ったとき
　➡ 2塁への送球を、セカンドがカットしてキャッチャーへ返球する
❷ 1塁ランナーがスタートを切ったが、3塁ランナーは動かない
　➡ キャッチャーは2塁へ送球して、セカンドはスルー。ショートがランナーを刺す
❸ 1塁ランナーが偽装スタートを見せただけ
　➡ キャッチャーは3塁ランナーの動きを目だけで牽制して投げない
❹ キャッチャーが送球しようとしたとき、3塁ランナーのスタートが見えた
　➡ 2塁へ投げる動作を途中で止めて、3塁へ送球する
❺ 3塁ランナーの離塁が大きい
　➡ 3塁へ送球する
❻ キャッチャーが送球したら3塁ランナーがスタートする、と決めごとにしているのが明らか
　➡ セカンドの定位置へ向かって送球する（事前に打ち合わせをしておくこと）

第1章　守備の基本フォーメーション

TACTICS
3塁ランナーに生還されたくない！

2B　SS
基本は前進守備。肩が強ければ、やや下がって守ることもあるが、弱い打球も想定すれば前進守備をすることが望ましい。

P
自分の守備範囲の打球を処理する。

1B　3B
前進守備でスクイズやエンドランに備える。何か仕掛けてきたときは、3塁ランナーを確実にホームでアウトにする。

C
1塁ランナーがスタートを切ったら、2塁へ送球をするふりをしながら、3塁ランナーの動きをチェック。3塁ランナーが飛び出していれば、3塁へ送球する。

point of view　キャッチャーからの視点

3塁ランナーを視界にとらえる。

まずはココを押さえる
3塁ランナーがかえればサヨナラなら1塁ランナーは関係ない

同点で7回裏、3塁ランナーがかえればサヨナラという場面では、1塁ランナーは関係ない。そういうときは1塁ランナーにフリーで走られる前提で守る。どんな打球に対してもホームでアウトにすることを考える。

Softball tactics　035

TACTICS
3塁ランナーを優先して守る（接戦のケース）

2B キャッチャーからの送球の受け方は2通り。

P 自分の守備範囲の打球を処理する。

3B 3塁ベースに入る。

1B 2B 3B SS 無死、一死のときは前進守備（Ⓐ）。二死なら通常の守備位置まで下がる（Ⓑ）。その分だけセーフティバントなど小技には注意する。

C 最優先は3塁ランナーをチェック。送球はサインプレー。

⚠ まずはココを押さえる！
3塁ランナーだけに集中するときの例
- 接戦の終盤で1点が勝敗を分ける
- 3塁ランナーが俊足で、1塁ランナーも刺そうとすると間に合わない
- 2アウトでバッターが下位打線

▶ ワンランクアップを目指す！
二死からのセーフティバントの対応
二死で3塁にランナーがいるとき、絶妙なセーフティバントを決められたら1塁は間に合わないので、本塁でプレーする。1塁へ偽投して3塁ランナーを誘い出すプレーもできる。

指導のPoint
キャッチャーがやるべきことを4つに絞る。優先順位を確認する
① セカンドへ投げるふりだけ。または投げない。バッターに全力を注ぐ
② 2塁へ投げるふりをして、3塁へ送球する
③ サインプレーで3塁へピックオフ。捕球姿勢のまま、片ヒザをついて送球する
④ 一度セカンドへ送球するが、セカンドはすぐに返球する

第1章　守備の基本フォーメーション

TACTICS
1塁ランナーを優先して守る（得点リードのケース）

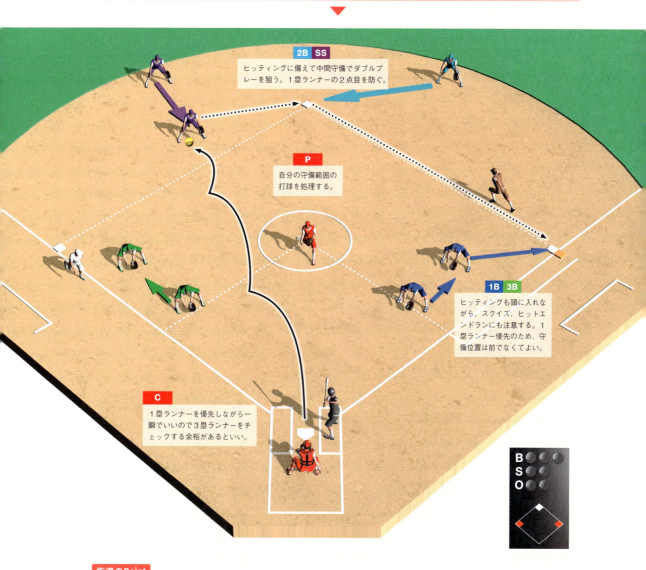

2B SS
ヒッティングに備えて中間守備でダブルプレーを狙う。1塁ランナーの2点目を防ぐ。

P
自分の守備範囲の打球を処理する。

1B 3B
ヒッティングも頭に入れながら、スクイズ、ヒットエンドランにも注意する。1塁ランナー優先のため、守備位置は前でなくてよい。

C
1塁ランナーを優先しながら一瞬でいいので3塁ランナーをチェックする余裕があるといい。

指導のPoint
あらゆる条件から最善策を出す

あらゆる条件を考えていくと、1塁と3塁のどちらを優先して守るのが最善の策か見えてくる。どちらが勝っても1対0の試合になると考えれば、1回表でも3塁ランナーを優先して守らなければならない。逆にいつでも点を取れるという自信があるのなら、序盤は3塁ランナーにかえられてもアウトカウントを増やすことを優先する。このケースでは、ファースト、サードへの緩い打球や横に動いて処理した打球は本塁が間に合わなければ1塁へ送球する。

⚠ まずはココを押さえる！
1塁ランナーだけに集中して2点目を防ぐ

- セーフティリードなので3塁ランナーはかえしてもいい
- 7回裏2点リードのケース。1塁ランナーの2点目を防ぐ

08 スラップバッティングに備えた守備

▶ 判断力、スピード、正確性が求められる

　スラップバッティングがうまい選手の打球は、バウンドやスピードが変化する。こういった難しい打球を捕球して、なおかつ俊足に間に合わせるのは至難の業だ。バッターの足と打球を考えて、どこにポジショニングすればアウトにできるのか最初からイメージして守るようにするとミスを減らせる。

　叩くようなスラップバッティングが多いが、しっかりとバットの芯でミートして、内野手の間を狙ったり、内野手の頭を越すような打球を打ったりできる選手は脅威。セカンドとショートのポジショニングと、セカンドとファーストのベースカバーが課題になる。

基本ポジショニングと役割

CF
ショートの頭を越えるようなフライと左中間寄りの打球にも注意する。

LF
ショートの頭を越えるようなフライやレフト線に飛ぶことが多い。バッターのパワーを見極めて、やや前で守ることもある。

⚠ まずはココを押さえる！

ファースト、サードは前進守備

無死や一死で送りバントもある。または二死でもバッターランナーの足が速く、セーフティバントやスラップバッティングを得意としている。そういうときはファーストとサードは前進守備をする。

要点をチェック！

1 ▶ セカンドとショートのポジショニングと、セカンドとファーストの１塁ベースカバーがカギになる
2 ▶ 守備位置がどこまでなら１塁が間に合うのか、イメージしておく

第1章 守備の基本フォーメーション

指導のPoint

すばやいベースカバーが重要

ファースト、セカンドの1塁へのベースカバーへの早さがアウト、セーフを決める要素となる。野手が打球を処理しても1塁のベースカバーが遅いと送球のタイミングが遅れる。

RF
1塁ベースのバックアップをする

1B
自分の守備範囲の打球は処理しつつ、関係がなければ1塁のベースカバーに入る。セカンドとの連係が大切。

2B
三遊間に飛んだとき、打球とは反対に走り、1塁ベースのバックアップをする。ファーストが間に合わないときは、1塁のベースカバー。

SS
左バッターのスラップバッティングが飛びやすい。どこまでなら1塁に間に合うのか、イメージしておく。できれば2バウンド目には処理したい。

3B
三遊間を狙った打球にグラブが届けばカットして処理をする。3塁線の強い打球に注意して守る。抜けると長打になってしまう。

Softball tactics 039

TACTICS
俊足スラッパーに出塁させたくない！

⚠️ まずはココを押さえる！
内野を7人で守る

ライトをセカンドのポジション近くまで前進させて、内野を7人で守る方法がある。スラップバッティングがうまいうえに、セーフティバントも抜群、という俊足バッター対策の究極のフォーメーションだ。ファーストとセカンドがベースカバーのことを気にしないで、守備に集中できる。

内野7人守備の条件
- ピッチャーが
  コントロールミスをしない
- 左バッターのアウトコースを主体に
  配球を組み立てて、引っ張らせない
- バッターは小技はうまいが、
  ライト方向への強い打球は打てない

point of view
ライトからの視点

ライトはセカンドの近くまで
前進して守る。

第1章　守備の基本フォーメーション

LF
ショートの頭を越えてくる打球に注意する。

3B
スラップバッティングに集中して守る。

SS
スラップバッティングの2バウンド目には処理できるようにスタートよくダッシュする。

P
ライトへ強い打球が打てないように組み立てる。絶対にコントロールミスをしない。

2B
投手の右横に守備し、投手前方を含むバントに対してすべて処理する。

1B
1塁線の打球と1塁ベースカバーに集中する。

RF
内野の守備範囲まで出てセカンドの打球を処理する。

Softball tactics　041

09 ピックオフプレー ①

▶ 飛び出したランナーをサインプレーで刺す

カウントやバッターのタイプ、または得点差などさまざまな条件を総合的に考えた場合に、ランナーを進塁させるために送りバントが濃厚なときがある。そういうときに、慌ててスタートしたランナーを刺すのがピックオフプレーだ。

ピックオフを狙うときは、高低はストライクゾーンに入れて、左右のコースに外すようにする。1塁ランナーと3塁ランナーからは、投球の高低は見えるが、左右のずれは判断しにくいためだ。バッターはバットを引いて、ランナーは高さがストライクと判断して飛び出しやすい。何度もできないので、ここぞ、というところで決めたい。

指導のPoint
右バッターのときがやりやすい

右バッターならキャッチャーから1塁へ送球するときに邪魔にならないので、やりやすい。左バッターのアウトコースへ外すと、キャッチャーはボックスの左から右まで動いて送球しなければならないため時間がかかる。ただし左バッターだと、ランナーからキャッチャーの動きが見えにくいというメリットもある。

基本ポジショニングと役割

check
✓ 要点をチェック！

1 ▶ 飛び出したランナーをキャッチャーからの送球で刺す
2 ▶ 高低はストライクゾーンに入れ、左右のコースへ外す
3 ▶ 1塁ランナーの離塁後の姿勢やリードの大きさなどから
　　アウトになりやすいランナーを見つける

point of view
1塁ランナーからの視点

1塁（3塁）ランナーの位置からはボールの高低は判断できるが左右の外れはわかりにくい。

C
最初からアウトコースに構えたり、早く動き出したりするとランナーは警戒する。ギリギリまでわからないようにする。また捕球したら、立ち上がってステップをすると時間がかかる。座ったまま片ヒザをついて送球できるのがベストだ。

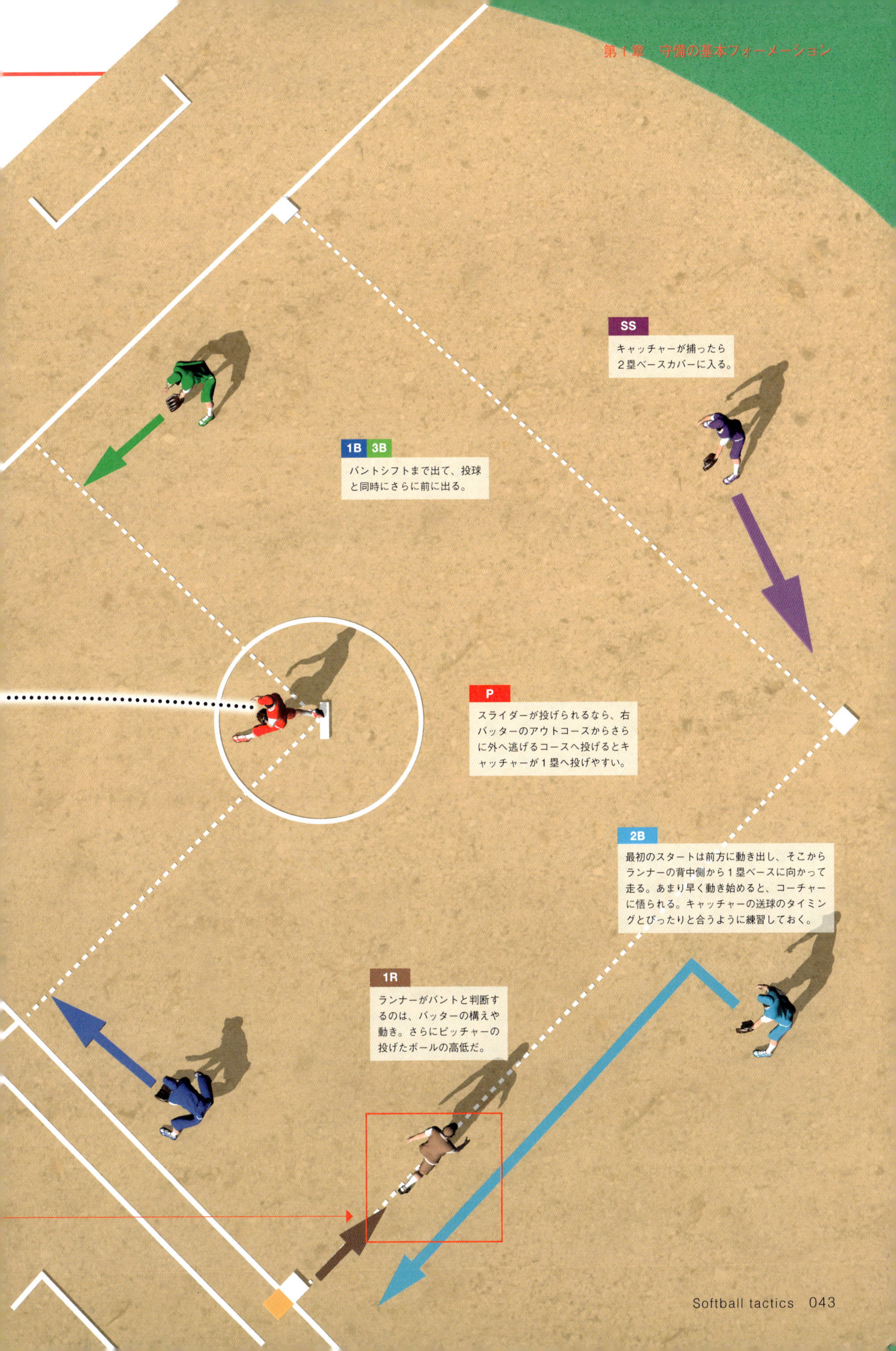

第1章 守備の基本フォーメーション

SS
キャッチャーが捕ったら
2塁ベースカバーに入る。

1B **3B**
バントシフトまで出て、投球
と同時にさらに前に出る。

P
スライダーが投げられるなら、右
バッターのアウトコースからさら
に外へ逃げるコースへ投げるとキ
ャッチャーが1塁へ投げやすい。

2B
最初のスタートは前方に動き出し、そこから
ランナーの背中側から1塁ベースに向かって
走る。あまり早く動き始めると、コーチャー
に悟られる。キャッチャーの送球のタイミン
グとぴったりと合うように練習しておく。

1R
ランナーがバントと判断す
るのは、バッターの構えや
動き。さらにピッチャーの
投げたボールの高低だ。

Softball tactics 043

TACTICS
ランナー2塁のピックオフプレー

⚠ まずはココを押さえる！
ピッチャーの制球力がカギ
高さはストライクゾーンの真ん中で、コースだけ左右へ外す、ピッチャーのコントロールが必要だ。間違って真ん中に投げてしまったら、バッターにとって絶好のバント球になってしまう。

▶ ワンランクアップを目指す！
バントとピックオフプレーに同時に対応する
ランナー2塁でバントをした場合、ショートが3塁、セカンドが1塁のベースカバーに入るため、2塁のベースカバーがいなくなる。そのため2塁ランナーは飛び出しやすい。これを利用してピックオフプレーを仕掛ける。バントのコースがピッチャーかサードが処理できる左方向になるように、ピッチャーは左バッターのアウトコースに投げるのがポイント。そうすればファーストが1塁のカバーに入れるので、セカンドが2塁のカバーに入れる。バッターがバントをしなければ2塁へのピックオフプレーを行う。2塁ランナーが、ベースカバーがいないと思って大きくリードしていると、決まりやすい。29ページで紹介したようにセンターが2塁ベースに入る形でのピックオフプレーも可能だ。

C
ランナー2塁だと左右のコースも見えるので、よりキャッチャーの動きが重要になる。

バントエリア

point of view
🔍 ショートからの視点
ショートは3塁のベースカバーにも入れる準備をしておく。

第1章　守備の基本フォーメーション

SS
ランナーの判断が良いと、キャッチャーが2塁に送球したのを見て、ベースカバーのいない3塁へ走ることがある。ショートはキャッチャーが捕ったら3塁ベースカバーに向かう。

2R
基本的にバントのケースはスチールと同じスタートを切って走る。バントをしなければそこからでも帰塁できる。

P　3B
バントシフトから投球と同時にさらに前に出る。

1B
1塁ベースカバーに入る。

2B
ランナーの背中側にいるセカンドが2塁ベースカバーに入る。ディレードスチールもあるので2塁ベースの前方に入り3塁送球もできるようにする。

10 ピックオフプレー ②

▶ ホームインを焦る3塁ランナーを刺す

　ランナーを3塁に置くと、攻撃側はスクイズやヒットエンドランなどで得点を狙うことが多い。3塁ランナーは少しでもいいスタートを切りたいため、投球後のリードが大きくなることがある。そんなときはピックオフプレーのチャンスだ。

　左バッターなら、キャッチャーの送球の邪魔にならないので、キャッチャーは座ったまま投げられる。立ち上がって送球するよりも、モーションが小さく速い。片ヒザだけをつけて投げられるのがベストだ。3塁ベースカバーは、サードかショートが入る。ショートならランナーの死角になるので効果的だ。

基本ポジショニングと役割

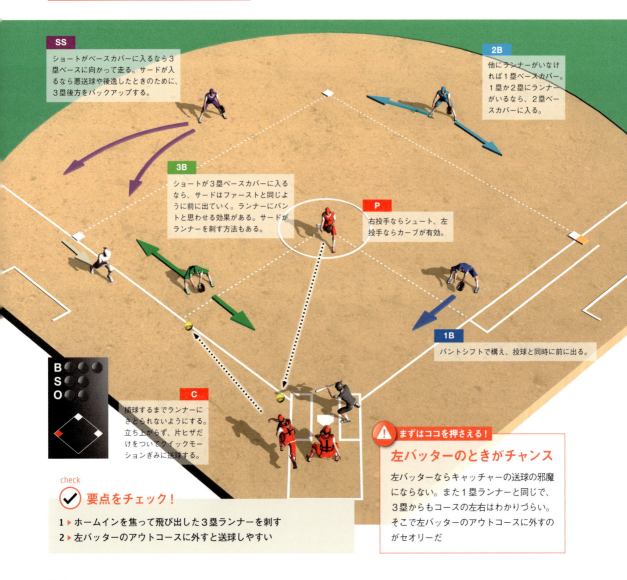

SS
ショートがベースカバーに入るなら3塁ベースに向かって走る。サードが入るなら悪送球や後逸したときのために、3塁後方をバックアップする。

2B
他にランナーがいなければ1塁ベースカバー。1塁か2塁にランナーがいるなら、2塁ベースカバーに入る。

3B
ショートが3塁ベースカバーに入るなら、サードはファーストと同じように前に出ていく。ランナーにバントと思わせる効果がある。サードがランナーを刺す方法もある。

P
右投手ならシュート、左投手ならカーブが有効。

1B
バントシフトで構え、投球と同時に前に出る。

C
捕球するまでランナーにさとられないようにする。立ち上がらず、片ヒザだけをついてクイックモーションぎみに送球する。

⚠ まずはココを押さえる！
左バッターのときがチャンス
左バッターならキャッチャーの送球の邪魔にならない。また1塁ランナーと同じで、3塁からもコースの左右はわかりづらい。そこで左バッターのアウトコースに外すのがセオリーだ。

✓ check 要点をチェック！
1 ▶ ホームインを焦って飛び出した3塁ランナーを刺す
2 ▶ 左バッターのアウトコースに外すと送球しやすい

第1章　守備の基本フォーメーション

TACTICS
サードがランナーを刺す

▼

SS
悪送球やサードの後逸がある。さらにこのケースは送球がランナーに当たるリスクも高いので、3塁ベース後方をバックアップする。

3B
3塁ベースではなく、ランナーに向かって戻る。ランナーを追いながらキャッチしたら、そのまま背中にタッチすればいい。

P
アウトコースへ投げる。

1B
バントシフトから、投球と同時にさらに前に出ていき、ランナーを引き出す。

C
捕球したら少しだけ横へ動いて、ランナーとサードの間のスペースを狙って送球する。

▶ ワンランクアップを目指す！
サードは3塁ベースではなくランナーを追う
サードがベースカバーに入るとき、キャッチャーの送球の的はランナーだ。角度をつけてランナーとサードの間にコントロールできるとなお良い。サードはランナーよりも前にいるので、ボールを捕ったらランナーにタッチすればいい。

TACTICS
キャッチャーとショートの連係でランナーを刺す

SS
3塁ベースに入るときは本塁側に入るようにする。ベースの後ろに入ると送球がランナーに当たる危険があるのでベースの手前で受けるようにする。

P
アウトコースへ投げる。

3B
できるだけ3塁ランナーをフリーにするため、バントを想定して前に出ていく。

C
3塁ベースではなくランナーの内側を狙う。

▶ ワンランクアップを目指す！
ランダウンプレーのポイント

ピックオフで3塁ランナーを誘い出すとランダウンプレーになる。ランナーを挟んでボールを投げたら右回りで投げた塁のカバーに回る。ボールは何度もやり取りせずに1回でアウトにするのが理想（タッチプレーとなる）。ランナーに逃げられても先の塁には絶対に進ませないため、追い込むときは若い塁（本塁−3塁なら3塁。1塁−2塁なら1塁）に追い込んでいく。

第2章

守備戦術

11 守備戦術の考え方

● 敵を知り、己を知って勝利をつかむ

　守備戦術を考えるとき、最優先するべきことは、確実にアウトを取ることだ。そのために必要なのは、ピッチャーのタイプとバッターとの力関係を分析し、バッターのタイプを見分けること。バッターは変化球で打ち取れるのか、高低やコースをうまく使うのか、長打もあるのか、さらにバッターの走力や打球の飛ぶ方向なども考慮する。足が速くて、小技があるなら、前進守備が考えられる。外野を越えるような長打があるなら、長打警戒のシフトにする。そして試合展開を考える。得点差、イニング、カウントなどによって、最善の戦術を立てて、配球を組み立てていく。

〈バッタータイプを見わける判断材料〉

1	打順	一、二番	出塁優先タイプ。選球眼がよく、小技ができる
		三、四、五番	クリーンアップ。変化球を打てる。チャンスに強い
		六、七番	意外性タイプ。確実性はないが、あなどれない
		八、九番	つなぎ役タイプ。役割を意識して徹底できる
2	守備位置	セカンド、ショート、センター	身体能力が高い。ソフトボールをよく知っている
		ファースト、サード	パワーヒッタータイプ。闘争心があり、積極的
		レフト、ライト	俊足、好打、つなぎ役タイプ。打力優先
3	利き手と打席	右投げ右打ち	トップハンド（グリップしたときの上側の手）が強く、バットを最後に押し込む力が強い ➡プルヒッターの可能性がある
		右投げ左打ち	右利きが左打ちに転向しているケース、俊足好打系である可能性が高い ➡レフト方向への長打は少ない傾向
		左投げ左打ち	右投げ右打ち同様で、また緩急にも強い傾向
4	体格	大型でどっしりタイプ	打力があり、比較的インコースに弱い傾向
		小柄で細身タイプ	俊足でインコースに強い傾向。反対方向への長打は少ない
5	構えとスイング	構えが大きくフルスイング	緩急に弱い傾向
		細かく動いてコンパクトなスイング	タイミングの取り方がうまい
6	監督の考え方とチームカラー	守備力重視	守備力を優先してスタメンを組む。投手が良く、接戦に強い
		機動力重視	俊足選手を積極的に走らせる。相手の守備をかく乱し、自分のペースで戦う
		攻撃力重視	二、八番にも一発が狙える選手を置く。打ち勝つ試合運び

第2章　守備戦術

リーダー的役割と指示の伝達

LF CF RF
外野手はフェンスまでの距離を確認する。

1B 2B 3B SS LF CF RF
9人全員がポジションを移動する。

2B SS
セカンドとショートがキャッチャーのサインを確認。それをファースト、サード、外野手にサインで知らせる。

1B 2B 3B SS LF CF RF
バットとボールが当たる一点に集中する。

まずはココを押さえる！
キャッチャーが指示を出す、9人全員が動く

ポジショニングは9人全員が動いて完成するもの。1人でもポジションが違えば、フォーメーションは成り立たない。キャッチャーは指示を出し守備全体をまとめる。センターラインである内野はショート、セカンドが、外野はセンターがリーダー的役割を担い、キャッチャーからの指示を受け他の野手に伝達する。重要な局面になるほど、キャッチャーはベンチと連携を取り、指示を徹底する必要がある。

指導のPoint
ポジションを変えたときの注意点

前進守備やバントシフトなど、ポジションを変更したとき、野手間の距離や位置を必ず確認する。またフェンスまでの距離を頭に入れておくことは大切だ。特に外野手は背走キャッチしなければならないときに、フェンスが気になってスピードが落ちるようではいけない。

指導のPoint
ポジションを決めるその他の判断材料

①グラウンドの固さ、状態
土が固く乾いていれば、バウンドは高く弾み長い

②雨天時
打球は滑ってスピンがかかりやすい。ぬかるみは打球が止まりやすい。送球は指が滑ってコントロールしにくい。スタートも動きにくい

③風
フライは風上から風下に流される。追い風なら打球は伸び、逆風なら戻される。レフト線ライト線の打球ほど影響は大きくなる

ワンランクアップを目指す！
練習とミーティングで事前に確認する

試合ではその状況でのワンプレーに集中したい。そのためには、フォーメーションの確認は日頃の練習や相手チーム・試合を想定したミーティングで事前に確認しておきたい。ピンチの場面でも必ず落ち着いてプレーできるはずだ。

ワンランクアップを目指す！
良いスタートを切るための準備をする

打球に対して一歩目が速いほど、追いつける可能性が高くなる。そのためにピッチャーのモーションに合わせて足を動かして、いつでも動き出せる準備をする。スイングの軌道、バットヘッドの動きを見て、バットとボールが当たる一点に集中する。スイングの形からも打球の予測はできる。

Softball tactics　051

打球判断の基礎知識

B ゴロ打球のトップスピンは伸びる。バックスピンは伸びない。これによって捕球の位置が変わってくる。

A 小フライは止まる、戻る。ボールが転がってくるのを待っていたら捕球は遅れる。

指導のPoint
打球を知る①バント

バントした打球が小フライになったときⒶ、ボールはほとんど前に転がらない。戻ることもある。これはバットの先端に当たったためだ。逆にバットの芯で当たった打球は伸びるⒷ。バットのどこに当たったか見れば、打球をある程度予測できる。またライズボールやカーブ系の球種をバントするとバックスピンがかかりやすく、ドロップやストレートは強いトップスピンがかかりやすい。

当たり方、打球の回転などで判断する

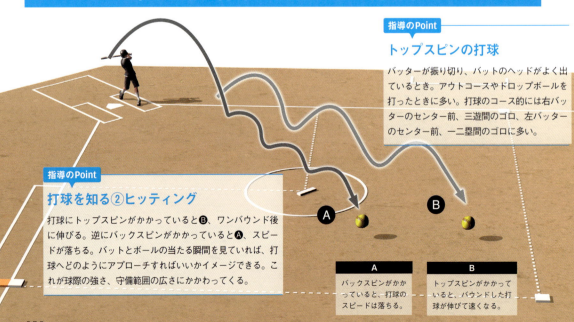

指導のPoint
トップスピンの打球

バッターが振り切り、バットのヘッドがよく出ているとき。アウトコースやドロップボールを打ったときに多い。打球のコース的には右バッターのセンター前、三遊間のゴロ、左バッターのセンター前、一二塁間のゴロに多い。

指導のPoint
打球を知る②ヒッティング

打球にトップスピンがかかっているとⒷ、ワンバウンド後に伸びる。逆にバックスピンがかかっているとⒶ、スピードが落ちる。バットとボールの当たる瞬間を見ていれば、打球へどのようにアプローチすればいいかイメージできる。これが球際の強さ、守備範囲の広さにかかわってくる。

A バックスピンがかかっていると、打球のスピードは落ちる。

B トップスピンがかかっていると、バウンドした打球が伸びて速くなる。

第2章　守備戦術

外野ライン際のフライ、ライナーの性質

ファウルライン際の
フライやライナーは
切れやすい。

A 左打者の打球。

B 右打者の打球。

指導のPoint

打球を知る③ フライ、ライナー

ファウルライン際に飛んだフライやライナーは、バットに当たる角度から大きく切れていく傾向がある。ライトやレフトが追うときに、間に合いそうだと思って、打球スピードに合わせて追っていると、届かないということが起きやすい。ただし左投げ左打ちの中には、トップハンドの力が強く、グリップを押し込んで打つタイプがいて、打球が切れにくいこともある。

良いスタートを切るための準備

LF レフトが深いポジショニングをするが、ショート後方へのスラップもあると意識して、前方にウエイトをかけておく。

RF ライトがライト線に寄ってポジショニングをするが、右中間への打球にも意識をして、ウエイトをかけておく。

▶ ワンランクアップを目指す！
打球の予測とウエイトのかけ方

打球が飛んできそうな方向を予測して、そちらに意識とウエイトをかけておけば、良いスタートが切れる。ポジションを変えずにウエイトだけをかけておくこともできるし、ポジションを移動して、反対にウエイトを残しておくということもできる。

12 俊足好打、小技系バッターの攻略

▶ セカンドやショートの左打ち一、二、九番

セカンドやショートを守っているということは、身体能力が高く、高いソフトボールセンスの持ち主ということ。ミートもうまいことが予想できる。さらに、右利きを左打ちに転向させている場合は、スラップバッティングやセーフティバントを得意としている可能性が高い。

そんな小技と足を生かしてくるバッターを打ち取るためには、まず仕掛けにくい配球を組み立てる。そして前進守備を見せて、やりにくいと感じさせたい。弱点をあえて挙げると、元々右利きということなら、トップハンドの左の押し込みは強くなく、レフトを越えるような打球はなさそうだ。

バッターの狙いはレフト方向

check 要点をチェック！
1 ▶ セカンドやショートの左打ちは、俊足小技系が予想できる
2 ▶ 長打を打つだけのパワーはないことが多い

B ボールの上を叩いて高いバウンドでサード方向へ。

3B 小技とスラップバッティングの両方を意識して守る。投球の高さとコースで打球を予測する。3塁線は絶対に抜かせない。

D レフト線、逆方向へ打つ。

LF 前進してレフト線やショート後方の小フライ、ライナーを処理する。

A スラップバッティングでショートの頭上や横を抜く。

1B 反対方向に打球が飛んだらすばやく1塁ベースカバーに入る。スラップバッティングのときの判断が難しいが集中して動けるようにする。

C ピッチャーとファーストの中間にセーフティバント。

TACTICS
対スラップバッティングの配球

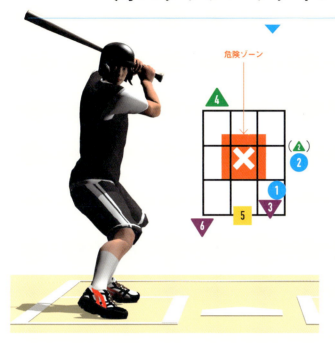

高低をうまく使う

インコースの落ちるボールを、スラップバッティングで当てるのは困難。体が1塁方向へ移動しながらのスイングになるため、ボールの落ち方が大きく見えるからだ。うまいスラッパーでもファウルにするのがやっとで、空振りする可能性が高い。またスラップの始動が早いようなら、チェンジアップでタイミングを外せる。逆にライズボールが甘く入ると危険。投げるなら見せ球として高めに外すのが無難だ。高低をうまく使えば、ボール球のライズボールを空振りしてくれるかもしれない。

TACTICS
対セーフティバントの配球

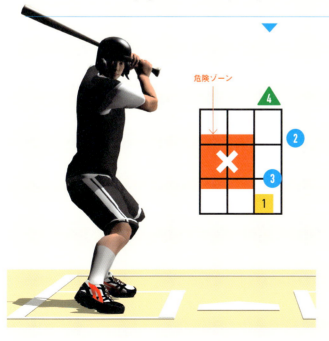

インコースは禁物

このタイプのバッターに投げる初球には、細心の注意が必要だ。根拠もなくインコースのストレートを投げると、うまくセーフティバントを決められてしまう。ストレートに近いスピードで、アウトコースへのライズボールなら、打ち上げてくれる可能性はある。ただしうまいバッターだと、ちょうど守備の中間に小フライでコントロールされることもある。どちらにしても、セーフティにはインコースは禁物。アウトコースを中心に組み立てる。チェンジアップは打球が止まるので注意。

13 長打を狙ってくるバッターの攻略

● ファーストやライトの右打ちクリーンアップ

　守備位置がファーストやライト、またはDP（指名打者）の右投げ右打ちのクリーンアップは、一発を狙うような思い切ったスイングをしてくる可能性がある。なぜならファーストやライトは、左利きの強打者がいれば守らせたいポジションなのに、あえて右利きにつかせている。これは打力に期待したいが、サードを守るような器用さはない

と推測できる。とにかくチームバッティングよりも自分のタイミングと狙い球でフルスイングしてきそうだ。

　タイミングを外して、ひっかけさせてボテボテのショートゴロに打ち取りたい。ランナーがいればダブルプレーも狙える。

バッターの狙いは長打

A 真ん中やインコースを思い切り引っ張ると、3塁線を強烈な打球が襲う。

B ホームラン性の打球は左中間に飛ぶ可能性が高い。

C アウトコースにうまく合わせて右中間への長打も警戒。

check 要点をチェック！

1 ▶ ファースト、ライトの右打ちは長打を警戒する
2 ▶ タイミングを外して、ボテボテの内野ゴロに打ち取りたい
3 ▶ 高目のボール球で空振りを誘いたい

第2章　守備戦術

TACTICS
初球や2球目の配球

低目の厳しいコースへ

長打のあるバッターに根拠のない高めの配球は厳禁だ。ライズボールのように、軽く飛びやすい球種はなおさらだ。バッターが何を狙っているのかデータも手掛かりもない初球や2球目は、インコースやアウトコースの低めの厳しいコースを攻める。若いカウントから、決め球までの布石を打っておきたい。

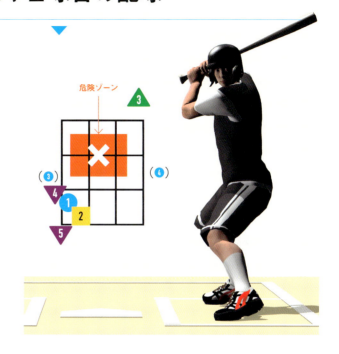

TACTICS
要注意の配球

真ん中に入る
変化球は危険

変化球が真ん中に入っていかないように注意する。例えば右ピッチャーのチェンジアップが、インコースから真ん中に入っていけば、タイミングもバットも合わせやすい絶好球になってしまう。同じように、ドロップが真ん中に入るのも危険だ。

S ストレート　R ライズ　D ドロップ　C チェンジアップ

14 小柄で俊敏な左打ちの攻略

▶ 長打はないがライト方向の打球には警戒

左打ちには、もともとは右打ち（右利き）だったが俊足を生かすために左に転向した選手と、もとから左利きの選手がいる。両者の違いは、トップハンドが利き手かどうか。利き手ではないほうは腕力が弱いため、バットを押し込むような力強いスイングができないことが多い。

これは打球傾向に表れる。小柄で俊敏な右投げ左打ちは、左手の押し込む力が弱くレフトフェンスを越えるような打球はない。そこでレフトとセンターは前進守備の左寄りにポジションを移動できる。左投げの場合は、前進はやや小さく、レフト方向へは同じように移動できる。ただしライト線への打球はバッテリーの配球によって変わってくる。インコースのチェンジアップはライト線を注意する。

利き手から打球方向を考える

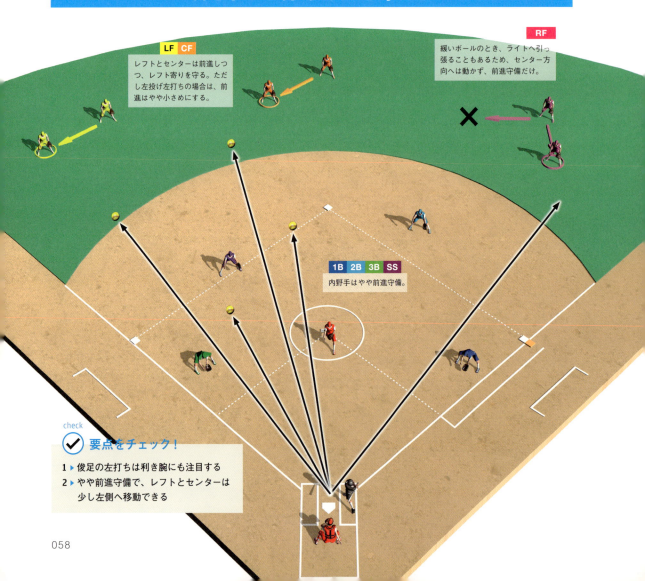

LF CF レフトとセンターは前進しつつ、レフト寄りを守る。ただし左投げ左打ちの場合は、前進はやや小さめにする。

RF 緩いボールのとき、ライトへ引っ張ることもあるため、センター方向へは動かず、前進守備だけ。

1B 2B 3B SS 内野手はやや前進守備。

✓ 要点をチェック！
1 ▶ 俊足の左打ちは利き腕にも注目する
2 ▶ やや前進守備で、レフトとセンターは少し左側へ移動できる

TACTICS
対右投げ左打ちの配球

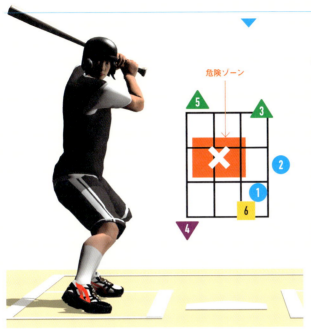

アウトコースを軸にする

絶対と言い切ることはできないが、一般的にはインコースをさばくのがうまいことが多い。不用意にインコースには投げない。右投げ左打ちは、ボトムハンドである右腕の力が強いため、右肩の開きが早いことがある。これはネクストサークルの素振りを見てわかることもある。その傾向があれば、アウトコースが苦手なことが多い。アウトコースのストレートを軸に組み立てていこう。

TACTICS
対左投げ左打ちの配球

低目のドロップ系で押す

左手の押し込みが強いということを考えると、高目はうまく打たれる可能性が高い。トップハンドがうまく使えるため、アウトコースにもしっかりとバットが届く。インコースの緩いボールはライト線へ運ぶ力があると考えると、残る低目のドロップ系で押すのがセオリーだ。チェンジアップにもうまく反応できる。

15 広角に長打を打てる強打者の攻略

▶ 大柄な左打ちの三、四、五番

体が大きく、打線の中軸を打っているということだけから判断すると、まずは長打を警戒しなければならない。中軸なので左打ちでも、レフト側への長打もないとはいえない。ファーストは強烈な打球で1塁線を抜かれないために、半歩ライン寄り。セカンドとショートも1、2歩右へ寄る。外野手は長打を警戒して下がる。

小技はやらない、という明らかなデータがない限り、セーフティやスラップバッティングの可能性は捨てきれない。バッタータイプの判断はするが、思い込みは禁物だ。

長打を警戒する

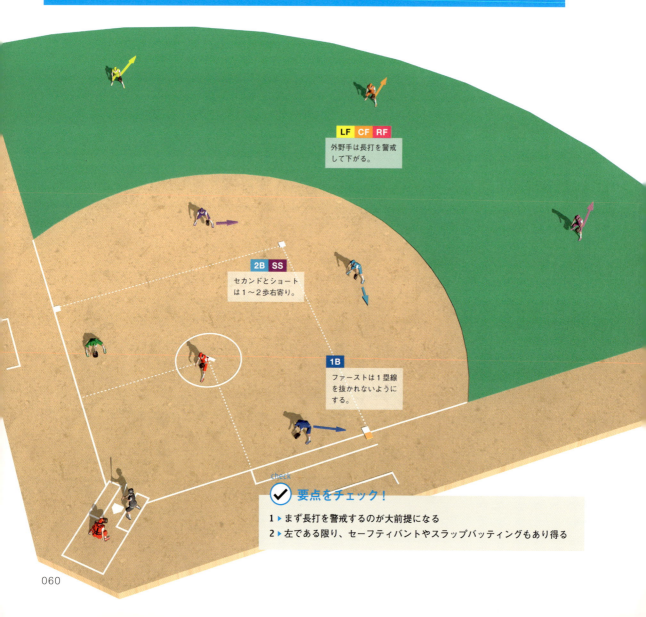

LF CF RF
外野手は長打を警戒して下がる。

2B SS
セカンドとショートは1〜2歩右寄り。

1B
ファーストは1塁線を抜かれないようにする。

check
✓ 要点をチェック！

1 ▶ まず長打を警戒するのが大前提になる
2 ▶ 左である限り、セーフティバントやスラップバッティングもあり得る

TACTICS
苦手な低目への配球

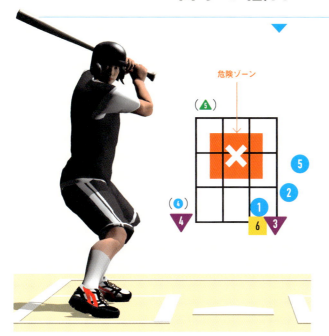

目から遠い低目を狙う

大柄な選手ということから判断すると、目から遠い低目は弱い可能性がある。ドロップのように落ちるボールならなおさらだ。インコース低目には手が出やすいが、厳しいコースにコントロールすればファウルになる。

TACTICS
苦手な内角への配球

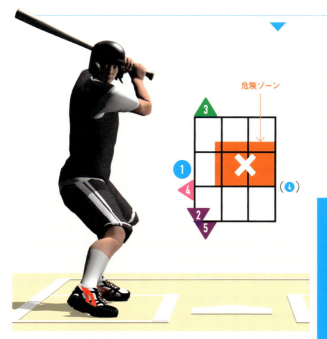

インコース中心で攻める

リーチが長いので、アウトコースにはバットが届く。逆にインコースは腕をたたむ必要があるため、苦手としていることがある。インハイのライズボール、スライダー系、インローのドロップで空振りを狙いたい。

> ▶ ワンランクアップを目指す！
> #### スイングをよく見る
> どんな打者にもいえることだが、ダウンスイングなのか、レベルスイングなのか、アッパースイングなのかは、攻略のための大事な情報になる。ダウンスイングなら落ちるボールは打てないだろうし、アッパースイングならライズボールは打てない。データがないなら、スイングをよく観察しよう。

S ストレート　R ライズ　D ドロップ　C チェンジアップ　SS スライダー

16 右投げ右打ちの攻略

▶ プルヒッターかおっつけタイプか見極める

　右投げ右打ちは絶対数が一番多い。何も手掛かりがないと、一か八かの賭けになってしまう。まずは素振りなどを見て、なんらかの特徴をつかみたい。バットの軌道は高目のスイングか低めのスイングか。腕をたたんでバットを内側から出せているか。手首の使い方が柔らかいか、強いか、という点がヒントになる。

　ここではプルヒッタータイプと、おっつけタイプに分けて攻略法を探る。プルヒッターは一般的にインコースをレフトへもっていくので、アウトコース主体。逆におっつけタイプなら、アウトコースをライトへ運ぶので、インコースがカギだ。

対プルヒッターのポジショニング

check 要点をチェック！

1. ▶ 右投げ右打ちは素振りを見てなんらかのヒントを探す
2. ▶ 一か八かの賭けではなく、根拠を持って戦う
3. ▶ ボール球から入り、バッター目線で狙い球を探る

アウトコース主体の配球

インコースは引っ張りやすいので、アウトコース主体の配球になる。速いボールでバットの先端に当てさせて、ボテボテの内野ゴロを打たせたり、ドロップでひっかけたりさせる。

第2章 守備戦術

対おっつけタイプのポジショニング

CF RF 定位置よりもやや右に寄って守る。

SS やや2塁ベース寄りに守る。

2B やや右寄りに守る。

point of view
キャッチャーからの視点

インコース主体の配球

真ん中からアウトコースは、多少タイミングを外してもうまくライトへ運ばれてしまう。インコースの速いボールで詰まらせたい。

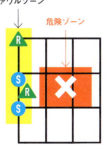

ライトへのファウルゾーン
危険ゾーン

▶ ワンランクアップを目指す！
ボックス内の足の動きに注意する

極端な引っ張りタイプが、アウトコースばかり攻められ打てないとなったとき、バッターはそこにしかこないと割り切って、思い切って踏み込んでライトオーバーを狙ってくることもある。おっつけタイプも厳しいインコースを予測して、右足を後ろに引いて真ん中のイメージで打つこともある。キャッチャーはスタンスの変化にも気づきたい。ボール球も使いながらヤマを張られないようにする。

S ストレート **R** ライズ **D** ドロップ **C** チェンジアップ

17 ピッチャーの適性と守備範囲

▶ 高い運動能力と強い精神力でチームの支柱になる

バッターの技術が向上して、得点力が高くなっているとはいえ、なおピッチャーの投球が勝敗の8割を握る。高い身体能力と強い精神力は欠かせない。勝敗のカギを握っていることを自覚し、1人でも練習に打ち込める使命感を持ちたい。

ピッチャーは投げ終われば9人目の野手であり、5番目の内野手だ。4人で内野全体をカバーするよりも、5人いたほうが分厚い守備網が敷ける。ピッチャーの守備能力が上がれば、チーム全体の守備力が上がるといえる。投球練習とは別に、野手と一緒に守備練習を行って、野手に負けないフットワークと正確な送球スキルも身につける。

TACTICS

ピッチャーの守備範囲と送球先

A ピッチャーサークルを一回り大きくした円形が守備範囲となる。その範囲はピッチャーの守備能力によって広がる。ファーストやサードの守備力との兼ね合いで、どこまで出るのか、出ないのか。連係を高めておく必要がある。

B ピッチャーの左右へはセンター方向への強い打球が飛びやすい。またバントはピッチャー前に転がることが多い。

指導のPoint
左投げピッチャーの送球に注意

左投げのピッチャーがゴロを捕球して1塁へ送球するためには、逆モーションになる。体を反転させる分だけ時間がかかる。軽快なフットワークとすばやく小さなモーションでの正確な送球が求められる。

▶ ワンランクアップを目指す！
360度のフットワークを身につける

ピッチャーはボールを捕ってから、360度どの方向にも送球する可能性がある。つまり内野手並みのすばやい切り返しやその場で回転できるフットワークが求められる。

ピッチャーの適性と条件

- 高い身体能力と柔らかく強い筋肉を持っている
- 強い精神力を持っている。プレッシャーに強い
- 野手からの信頼を得て、チームの柱になれる
- 粘り強さ、攻める闘争心を兼ね備えている
- 責任感と使命感を持ち、1人でも練習に取り組める
- コントロール（制球力）が良く、守備能力も高い

check
 要点をチェック！

1 ▶ ピッチャーが勝敗の8割を握っている
2 ▶ 野手並みのフットワークと送球を身につける
3 ▶ 打撃論にも興味を持ち、バッターの弱点を知る
4 ▶ 平均レベル以上の球種を2つ以上持っている

ベースカバーとバックアップ

D 2塁ベースには基本的に入らない。

C 1塁ベースや3塁ベースが空くときは、ベースカバーに入ることがある。

B 3塁へ送球されるときは、3塁ベースをバックアップする。

A バックホームされるときは、ホームベースをバックアップする。

指導のPoint
ケガや体力の消耗を避ける。野手を優先する

主に外野からの送球に対して、3塁ベースやホームベースのバックアップをする。1塁ベースや3塁ベースが空いたときには、ベースカバーをすることもある。ただしセカンドとショートの2人がいる2塁ベースには基本的に入らない。ホームベースに入るのも、ワイルドピッチやパスボールがあったときなどに限られる。また他の野手と重なったときには、野手を優先する。クロスプレーによるケガ、体力の消耗などを避けるためだ。

18 キャッチャーの適性と守備範囲

▶ 高いキャッチング技術とソフトボール脳を鍛える

　フィールドを扇に見立てて、キャッチャーを「扇の要」と呼ぶ。守備全体を統率するフィールドの指揮官だ。バント守備では、自分が出ないときも大きな声で送球先を指示したり、最後の砦となってホームベースを死守する。

　キャッチャーとして一番大切な能力はキャッチング能力だ。そして2塁へ送球するための強肩、バント処理のフットワークなど、高い運動能力も求められる。配球を考え、対戦したバッターの傾向や特徴を覚えておき、それを次のプレーに活かす。洞察力や深い知識を持ち、ソフトボール脳を鍛えなければならない。

TACTICS
キャッチャーの守備範囲

A バントやボテボテのゴロがホームベース付近に転がったときは出ていく。ただし3塁ランナーがいるときには、ホームベースを優先するため、やや狭くなる。

B バックネット方向のファウルフライはキャッチャーの役割だ。

▶ ワンランクアップを目指す！
プレーをしながら瞬時に判断、指示する

体を動かしながら、頭では別の状況を考えて、野手に指示を出す、といったことができるようになりたい。例えばランナー3塁で、スクイズが行われたとき、体はホームベースを守るために動きながら、同時に3塁ランナーをチェック。頭ではランナーの足と打球から判断して、どこに送球すればいいのかを分析。それを声とジェスチャーで野手に伝える。

指導のPoint
バットに当たる瞬間を見る

バットとボールが当たる瞬間に、まばたきをして目を閉じることがある。閉じないためには、練習を繰り返すしかない。キャッチャーフライが飛んだ打球を確実に捕球できるようにしよう。

キャッチャーの適性と条件

- ショートバウンドやワンバウンドを含む高いキャッチング技術と体の強さがある
- 記憶力、洞察力、観察力と打撃論、投手論の知識
- 頭の回転が速く、判断、決断ができる
- 2塁ベースへ低くすばやく送球ができるだけの肩の強さ
- 座った姿勢からのすばやいフットワークが使える
- 大きくはっきりした声とわかりやすいジェスチャーで指示できる

要点をチェック！

1 ▶ キャッチャーには守備全体をまとめる統率力が必要
2 ▶ ソフトボールの戦術や技術に対する知識を増やす
3 ▶ 試合前の準備を重視でき、対策を立てられる
4 ▶ どんな状況でも冷静沈着で投手をリードする

移動と送球方向

A バントやボテボテのゴロが転がったら、ホームベース前まで出て処理する。ただし3塁ランナーがいるときは、ホームベースを優先する。

B 内野ゴロなどで1塁へ送球されるときは、バックアップをする。

C ランナーがいるときにはホームベースを最優先して、基本的にここから離れない。

指導のPoint
打者走者を避けて送球する

バント処理のとき、キャッチャーから1塁ベースを結ぶと、打者走者の走るコースとほとんど重なる。このまま送球すれば、当たる危険がある。そこでゴロを捕りながら一歩内側へステップして、送球コースを確保する。

ワンランクアップを目指す！
3塁スチールの送球を練習する

2塁ランナーのスチールは、ベースカバーに入るサードやショートとのタイミングを合わせる練習が不可欠だ。投げるタイミングが早くても、遅くてもアウトにはできない。この練習はバッターを立たせて、防具をすべてつけた状態で行うこと。

19 ファーストの適性と守備範囲

前後のフットワークと元気の良さで活気づける

　内野へゴロが転がると、ほとんどの場合1塁へ送球される。それを捕るのがファーストなので、捕球技術が高いことは絶対条件だ。試合中には送球が左右に逸れたり、ショートバウンドしたりがあるもの。それを確実にキャッチすると、内野手に安心感を与えられる。そのためには送球が胸に来るとは思わず、いつでも逸れるものと用心深く捕球準備をすることが大切だ。

　またサードと同様にバントや強い打球をさばく反応の早さとグラブスキルも必要。前進守備をしていても、1塁ベースを優先することもあり、前後のフットワークが求められる。

TACTICS

ファーストの守備範囲

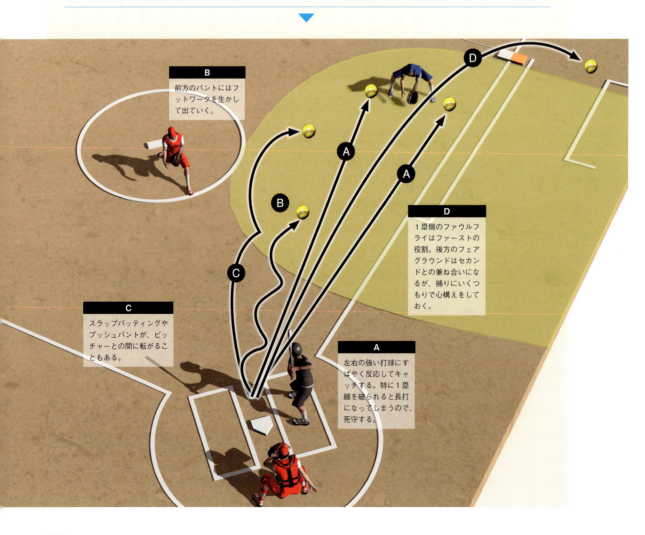

B 前方のバントにはフットワークを生かして出ていく。

D 1塁側のファウルフライはファーストの役割。後方のフェアグラウンドはセカンドとの兼ね合いになるが、捕りにいくつもりで心構えをしておく。

C スラップバッティングやプッシュバントが、ピッチャーとの間に転がることもある。

A 左右の強い打球にすばやく反応してキャッチする。特に1塁線を破られると長打になってしまうので、死守する。

ファーストの適性と条件

- ショートバウンドも苦にしない高いキャッチング技術
- 声を出して味方を鼓舞する。特にピッチャーを励ますのは、ポジションが近いファーストの役割
- 前後にすばやく動けるフットワーク
- 打球、送球に対する判断の早さと反射神経の良さ

要点をチェック！

1. ▶ 高い捕球技術は必須
2. ▶ 前後のフットワークで、前進守備から1塁ベースカバーまでこなす
3. ▶ 外野からの返球にすばやくカットプレーに動く
4. ▶ 本塁のベースカバーにいく

移動と送球方向

A 2塁へのバント処理をするときは、ストップ、反転をすばやく行うフットワークが必要。できれば時計と逆まわりで回転して送球する。

B 右利きの場合、フィールドの内側の強い打球は逆シングルキャッチになる。高いグラブさばき能力が求められる。セカンドとの連係が必要。

C 打球が自分以外のところへ飛んだら、すばやく1塁ベースカバーに入る。

A 3塁へのバント処理をするときには、逆シングルキャッチで捕球し送球する。

指導のPoint
勝手にプレーが切れたと思わない
内野ゴロがファーストに送球されて、アウトカウントが1つ増えた。このとき前にランナーがいるならまだプレーは続く。ランナーが先の塁を狙っていることもある。オーバーランしていることもある。プレーが切れたと、勝手に判断してはいけない。

ワンランクアップを目指す！
逆シングルからのスローイングスキル
フィールドの内側への強い打球を捕ったとき、2塁や3塁へ送球することも多い。このとき逆シングルからスリークオーターやサイドスローで投げると、一連のプレーが華麗に流れる。場合によってはランニングスローも武器になる。セカンドやショートだけではなく、ファーストも身につけておきたい。

20 セカンドの適性と守備範囲

▶ 内野手の中で移動範囲は一番広い

1塁と2塁のベースカバーを受け持ち、右中間やライト線のカットプレーのために、外野まで移動する。セカンドは内野手の中で、もっとも移動する範囲が広い。ショートも2塁と3塁に入るが、セカンドは事前に予測して極端なポジショニングができないため、より移動スピードが要求される。守備範囲もショートと同じかそれ以上だ。

カットプレーでは、セカンドから3塁や本塁へ送球するため、内野手の中ではもっとも強肩が必要。またダブルプレーでは、ゴロをキャッチ後、体を反転させて2塁ベースへ投げるなど、さまざまなスキルを身につけなければならない。

TACTICS
セカンドの守備範囲

B プッシュバントはピッチャーとファーストの間を抜けてくる。できるだけ前で処理する。

C 2塁ベース寄りの弱い打球はすばやく前進してランニングキャッチからランニングスローで処理する。

A 左右の強い打球は、反応よく動いて処理し、一二塁間のゴロは時計回りの反転で送球する。

D 1塁ベースの裏からライトの前までのファウルフライはセカンドの役割だ。

▶ ワンランクアップを目指す！
どんな打球にも良いスタートを切る

打球にバックスピンがかかっているか、トップスピンがかかっているかで、バウンド後のボールの転がり方が変化する。特にセカンドやショートは打球を追う一歩目のスタートが影響する。バットに当たってからではなく、当たるか当たらないかぐらいのところでスタートをできるようにしたい。それが守備範囲の広さにも関係してくる。

第2章　守備戦術

セカンドの適性と条件

- 高い脚力と巧みなグラブさばきで、広い守備範囲をカバーする
- 適切なポジショニング能力とベースカバーの判断力がある
- 強肩でカットプレーでは3塁、本塁へ1人で投げられる
- クイックスロー、スナップスロー、グラブトス、サイドスロー、ランニングスロー、ジャンピングスロー、バックトスなど、多彩なスローイング技術を身につけている

check 要点をチェック！

1. 移動範囲も守備範囲も内野手の中でもっとも広い
2. 俊足、強肩、捕球スキルなど高い運動能力を持つ
3. 試合状況で的確な判断ができ、すばやくプレーに入れる

移動と送球方向

E ライト線、右中間のカットプレーでは外野まで移動する。

D 内野ゴロが1塁へ送球されるときには、1塁ベースのバックアップをする。

B ランナーが1、3塁のとき、キャッチャーからの送球を2塁に到達する前でカット。

A プッシュバントは全力で前進し、できるだけ前で処理する。

C 1塁と2塁のベースカバー。特に1塁ベースががら空きになることがないように、ファーストとの連係が必須だ。

▶ ワンランクアップを目指す！
スラップバッティングの打球判断

ランナーを1塁に置いているときの、スラップバッティングの打球判断が難しい。打球がサード、ショートに飛んだときは、2塁ベースカバーをする。スラップ打球がピッチャー前に転がったときや、バントのときは、一転して1塁ベースカバーに入らなければならない。

▶ ワンランクアップを目指す！
ダブルプレー時の2塁ベースの入り方

ピッチャー、サード、ショートへのゴロのとき。ダブルプレーを狙うセカンドは、2塁ベースへの入り方、ベースの踏み方、フットワーク、送球までのすばやい動きを身につけ、1塁ランナーのスライディングや走路を避けて送球できるようにしなければならない。

21 サードの適性と守備範囲

● 闘争心を持って、強烈な打球に向かう

サードはベースよりも前で守る。バッターがセーフティバントやスラップバッティングを仕掛けてきたときは、そこから全力で前に出て処理する。2塁ランナーのスチールでは、サードかショートがベースカバーをする。ファーストと同じように、前後のフットワークが求められる。

右バッターがインコースを振り切ったときには、強烈な打球が飛ぶため、闘争心を持って打球に向かえる気持ちの強さも必要だ。逆に前方に弱いゴロが転がったときには、走りながら捕ってそのままスローイングするランニングスローができると大きな武器になる。

TACTICS

サードの守備範囲

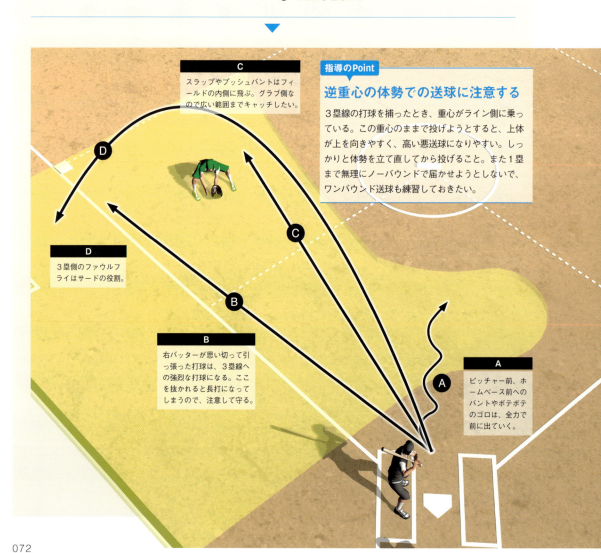

C スラップやプッシュバントはフィールドの内側に飛ぶ。グラブ側なので広い範囲までキャッチしたい。

D 3塁側のファウルフライはサードの役割。

B 右バッターが思い切って引っ張った打球は、3塁線への強烈な打球になる。ここを抜かれると長打になってしまうので、注意して守る。

A ピッチャー前、ホームベース前へのバントやボテボテのゴロは、全力で前に出ていく。

指導のPoint

逆重心の体勢での送球に注意する

3塁線の打球を捕ったとき、重心がライン側に乗っている。この重心のままで投げようとすると、上体が上を向きやすく、高い悪送球になりやすい。しっかりと体勢を立て直してから投げること。また1塁まで無理にノーバウンドで届かせようとしないで、ワンバウンド送球も練習しておきたい。

第2章　守備戦術

サードの適性と条件

- 強烈な打球に対する恐怖心を克服、向かっていける
- 前後の動きのフットワークがある
- 常に声を出してピッチャーを励ます
- バントをしたがっているバッターには、ピッチングと同時に前に出てプレッシャーをかけられる
- ランニングキャッチ、ランニングスローができる

check
要点をチェック！

1 ▶ バントでは前進し、ベースカバーでは戻る前後のフットワークが必要
2 ▶ 強い打球にも闘争心で向かう
3 ▶ 逆シングルキャッチとダイビングキャッチも必要となる

移動と送球方向

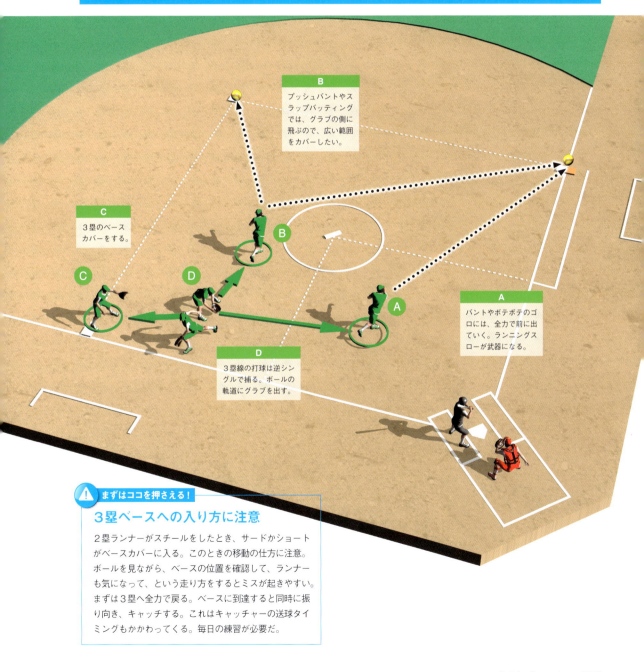

B プッシュバントやスラップバッティングでは、グラブの側に飛ぶので、広い範囲をカバーしたい。

C 3塁のベースカバーをする。

D 3塁線の打球は逆シングルで捕る。ボールの軌道にグラブを出す。

A バントやボテボテのゴロには、全力で前に出ていく。ランニングスローが武器になる。

⚠ まずはココを押さえる！
3塁ベースへの入り方に注意

2塁ランナーがスチールをしたとき、サードかショートがベースカバーに入る。このときの移動の仕方に注意。ボールを見ながら、ベースの位置を確認して、ランナーも気になって、という走り方をするとミスが起きやすい。まずは3塁へ全力で戻る。ベースに到達すると同時に振り向き、キャッチする。これはキャッチャーの送球タイミングもかかわってくる。毎日の練習が必要だ。

Softball tactics 073

22 ショートの適性と守備範囲

▶ 逆シングルのグラブさばきと肩の強さ

　ショートの動きは、セカンドに似ている。前後左右に広い守備範囲をカバーし、ベースカバーは2塁と3塁のどちらにも入ることがある。打ち終わってから走り出す打者走者と違って、塁上のランナーは打つと同時にスタートを切るため、ベースカバーが遅れると間に合わない。

　また三遊間の深いところは、内野の中でもっとも1塁ベースから遠いところ。しかも逆シングルの捕球なので、下がりすぎると間に合わない。攻めの姿勢で、ギリギリまで前で捕ったら、右足で踏ん張って送球。これはとても高い運動能力と体幹の強さ、そして肩の強さが求められる。

TACTICS

ショートの守備範囲

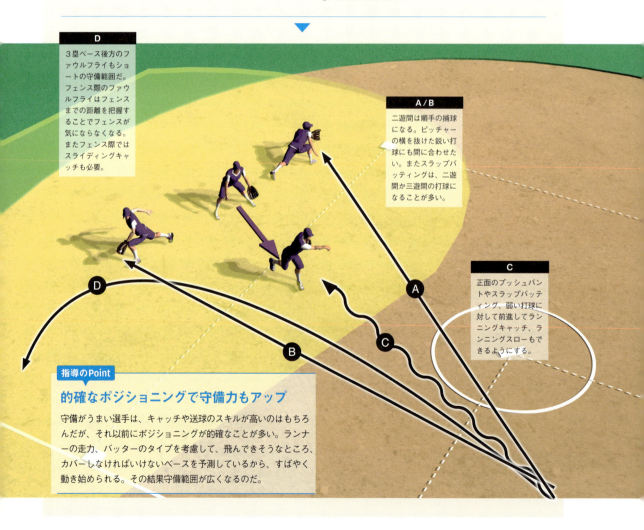

D 3塁ベース後方のファウルフライもショートの守備範囲だ。フェンス際のファウルフライはフェンスまでの距離を把握することでフェンスが気にならなくなる。またフェンス際ではスライディングキャッチも必要。

A/B 二遊間は順手の捕球になる。ピッチャーの横を抜けた鋭い打球にも間に合わせたい。またスラップバッティングは、二遊間か三遊間の打球になることが多い。

C 正面のプッシュバントやスラップバッティング、弱い打球に対して前進してランニングキャッチ、ランニングスローもできるようにする。

指導のPoint
的確なポジショニングで守備力もアップ

守備がうまい選手は、キャッチや送球のスキルが高いのはもちろんだが、それ以前にポジショニングが的確なことが多い。ランナーの走力、バッターのタイプを考慮して、飛んできそうなところ、カバーしなければいけないベースを予測しているから、すばやく動き始められる。その結果守備範囲が広くなるのだ。

ショートの適性と条件

- 強肩、俊足など身体能力が高い
- ポジショニングの的確さ。すばやいフットワークと正確な送球
- ベースカバーの判断力や打球への反応が早い
- 逆シングルキャッチやグラブトスなどがうまく、グラブさばきが巧み
- 先の先を予測して、その準備ができる

 check

要点をチェック！

1 ▶ 広い守備範囲と、2塁、3塁のベースカバーを受け持つ
2 ▶ 逆シングルから1塁送球は運動能力と体幹が必要

移動と送球方向

A サードが前に出ているときや、2塁ランナーのスチールでは3塁のベースカバーに入る。

B セカンドが1塁ベースカバーに動いたら、ショートは2塁ベースカバーに入る。

C プッシュバントはピッチャーとサードの間を抜けてくる。できるだけ前に出て処理する。

D 左中間、レフト線へ飛んだらカットプレーに移動する。

▶ ワンランクアップを目指す！
グラブトスでプレーのスピードをアップ

ランナー1塁から、センターへ抜けそうな打球にかろうじて追いつき、2塁ベース近くで捕った。体勢を立て直してから送球したのではダブルプレーは難しい。こういうときグラブトスができると大きい。

23 ベースカバーの入り方と捕り方

▶ ボールは見ないで、まずはベースまで全力で走る

ベースカバーに入るときの基本は、まずベースに向かって全力で走ること。このときランナーを見たり、送球を目で追ったりしない。これだけでベースに到達するまでのスピードがずっと速くなる。もちろん、ベースまでは全力で走る。途中でベースと送球を交互に見ると、空踏みしたり、落球したりする。

送球するタイミングも大切だ。受ける側の準備ができていないのに送球すれば捕れない。遅ければセーフになる。この連係はふだんからの練習を積んでおく。何も考えずにやっているベースカバーも、いかにすばやく入れるかを練習で追求できる。

指導のPoint
きわどいケースほど差が出る

俊足バッターのセーフティバントやスラップバッティングほど、きわどいタイミングになる。俊足ランナーに出塁を許せば、守りにくくなるのは必至。こういうプレーをしっかりとアウトにできるかどうかが、試合結果を左右する。

第2章　守備戦術

TACTICS
ランナー1塁
バッターがセーフティバントをした

TACTICS
練習しておきたいベースカバー

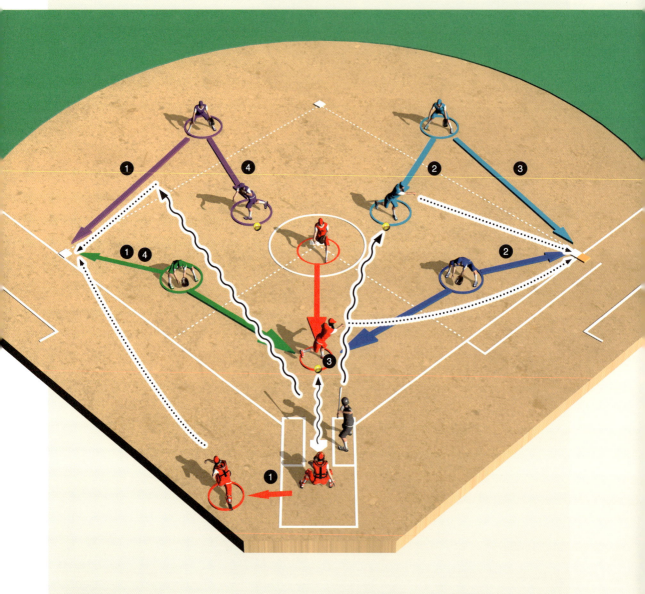

❶ 2塁ランナーのスチール
サードかショートが3塁ベースカバーに入る。キャッチャーは慌てて投げると、まだベースに入っていないということになる。送球タイミングを習得する

❷ 二遊間へのプッシュバント
セカンドが前に出て処理。ファーストは打球に届かないと思ったら、全力で1塁ベースカバーに走る。セカンドが大きな声で指示する

❸ ピッチャー前のセーフティバント
ピッチャー、キャッチャー、ファースト、サードのだれが捕ってもクロスプレーは確実。セカンドはベースを踏むと同時にキャッチングできる技術を習得する

❹ ランナー2塁からショートへの弱い打球
ショートはできるだけ前に出て打球を処理する。サードは振り向いてベースに正対してまっすぐ走る

第2章　守備戦術

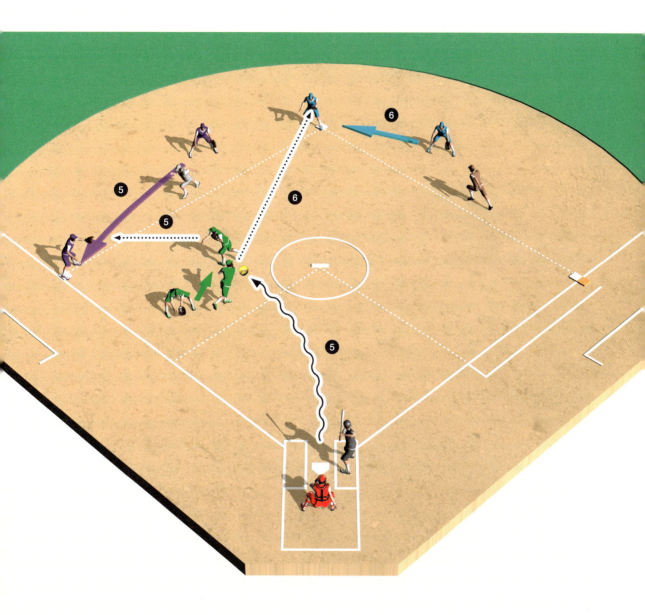

❺ **ランナー2塁から三遊間へのスラップバッティング**
サードが捕ったときは、打球を追う流れでショートが3塁ベースに一直線。サードはショートがベースカバーに入るのを待ってから送球する。また、ベースの手前でショートにトスするプレーも練習したい

❻ **ランナー1塁から三遊間へのスラップバッティング**
サードが捕って、2塁が間に合いそうだと判断して送球する。セカンドはランナー1塁でスラップバッティングのときは2塁ベースへ。これはセカンドの高度な判断力が求められるケースの典型例

 check
要点をチェック！

1 ▶ ベースに入るときは全力で
2 ▶ このときランナーや送球を見ない
3 ▶ タイミングよく送球する

24 外野手の適性と守備範囲

▶ 3人を適材適所に配する

　レフトとライトは左右どちらかにファウルラインがあって、センターは両側に選手がいる。この違いがあるが、打球の追い方や送球については、外野のポジションによる違いはほとんどない。ただし厳密な守備戦術を組み立てるなら、それぞれのポジション適性まで考えたい。

　外野の真ん中にいるセンターは、リーダー的な立場になりやすい。また肩の強い選手は、ライトに向いている。2塁、3塁ベースまで距離があるためだ。左投げはファーストかキャッチャー時にセカンドもあるが、外野を守ることが多くなる。利き手による違いまで考慮したい。

レフトの適性

- 右利きならバックホームの送球が、ランナーの内側から狙える
- レフト線の打球をシングルヒットに抑える機敏な動きと早く正確にコントロールする送球
- 右利きならライン際の逆シングルキャッチを練習する
- 右スライディングキャッチもできる器用さが欲しい

肩の強さ ☆
足の速さ ☆☆
守備力　 ☆☆☆

---

check
 要点をチェック！

1 ▶ センターが外野手のリーダーになることが多い
2 ▶ 強肩選手はライトに向いている
3 ▶ 内野ゴロと野手の送球に対するバックアップをする
4 ▶ 太陽の位置、風向きなどグラウンド状態をチェック

第2章　守備戦術

レフト、センター、ライトの役割

まずはココを押さえる！
外野手に求められる判断力①　試合状況で判断

外野手は打球を追いながら常に試合状況を頭に入れて、打球の処理にあたる。ランナーが今どの辺にいるのか、足の速さはどうか、同点のランナーかなどを判断してプレーする。

まずはココを押さえる！
外野手に求められる判断力②　打球判断

ライナーが飛んだ瞬間に、最適と判断した方法で打球を追った。ところがバウンドしたボールはイレギュラーして、方向が変わることがある。意外と多いのが、それに気づいているのに判断を修正しないこと。状況が変化すれば、判断も変えなければならない。

まずはココを押さえる！
外野手に求められる判断力③　フェンスプレー

守備位置から外野フェンス・ファウルフェンスまでの距離を頭に入れておく。ランニングキャッチやスライディングキャッチか、あるいはクッションボールで処理するのか、判断が必要となる。フェンスを怖がらずにプレーする強い気持ちがいる。

センターの適性

- 外野手のリーダー的な存在。強肩でしかもコントロールが良い
- 3人の中でもっとも身体能力が高く足が速く、広い守備範囲を求められる
- 試合状況や内野の動きを見て両サイドの外野手に指示ができる

肩の強さ ★★★
足の速さ ★★★
守備力　 ★★★

ライトの適性

- 3塁ベースまで一番距離があるため、外野手の中で一番の強肩が向いている
- ライト線への守備を優先するなら、グラブがライン側になる右利きが向いている
- 長打を打たれたときに返球先を正確に判断できる

肩の強さ ★★★
足の速さ ★★
守備力　 ★★

Softball tactics　081

レフトからのバックホーム

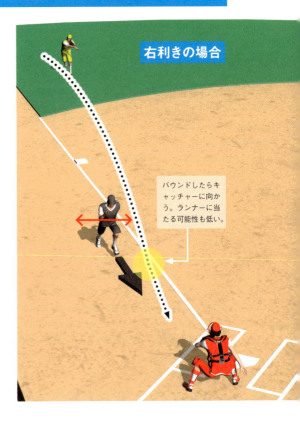

左利きの場合

LF キャッチャーから逸れないように投げるとランナーに当たる可能性がある。

バウンドしたらキャッチャーから逸れる。

右利きの場合

バウンドしたらキャッチャーに向かう。ランナーに当たる可能性も低い。

指導のPoint
バックホームと利き手の関係

しっかりとスナップを利かせて送球されたボールには、斜めのバックスピンがかかる。そのボールがバウンドすると、投げた人の利き手側にはねる。ランナーと送球コースが重なるレフトは、これを利用して、ランナーを避けるようなバックホームが可能になる。

ライト線の打球処理

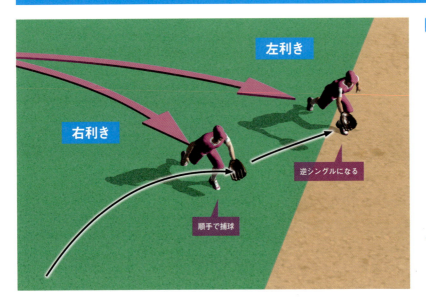

左利き

右利き

順手で捕球

逆シングルになる

指導のPoint
ライト線の打球は右利きが有利

ライト線の打球がファウルグラウンドに切れていくとき、捕球しやすいのは順手になる右利きだ。そこからの送球もスムーズ。左利きだと逆シングルになるため、やや膨らんで打球を追わなければならないし、送球も体勢を立て直す必要がある。レフトは逆になる。

TACTICS
ポジショニング

打球を予測

力量を比較

▶ ワンランクアップを目指す！
状況に応じた打球予測

打球が飛びやすい方向を予測することは大切だ。ポジションは変えなくても、頭にあるだけで一歩目が速くなる。具体例を挙げると、左バッターのレフト線の飛球はスライスして大きく切れていく。引っ張る力のない左バッターなら、ライト線を破るような打球はない。

▶ ワンランクアップを目指す！
球種及び
コースごとの打球予測

ピッチャーとバッターの力量によって、ポジションが決まる。圧倒的にピッチャー有利なら、外野に大きな飛球は考えなくていい。逆に長距離打者なら長打に備える必要がある。さらにイニングと得点差、ランナーの有無、球種及びコースなどから打球の飛びやすい方向を予測する。これは厳密にいえば、1球ごとに変わっていくものだ。

TACTICS
中継プレー

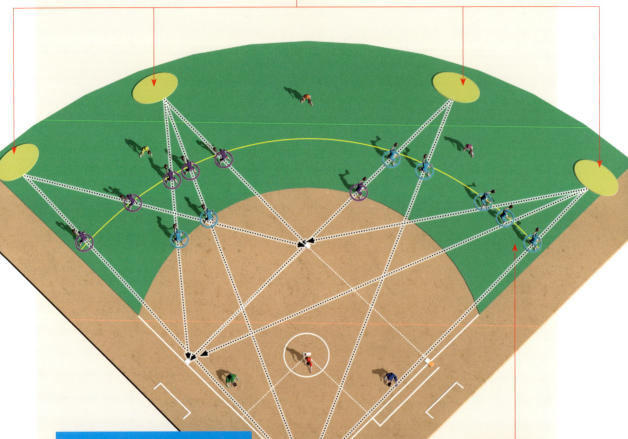

打球の位置

カットプレーの位置

▶ ワンランクアップを目指す！
カットプレーを高める

カットプレーでは外野手はボールを捕ったら、すぐに振り向きワンステップで送球する。セカンドとショートはボールの位置から20〜25メートルのところまで移動しておく。外野手からカットマンまでは、キャッチャーが2塁へ送球するのとほぼ同じ距離。これより遠いと、低く鋭い送球が困難になる。カットマンは捕球しながら反転して、ステップを入れて送球する。バックホームなら40〜45メートルの遠投になる。ライト線から3塁の場合、さらに遠いため、もう1人挟んでもいい。

指導のPoint
カットの位置を
理解して送球する

外野手はボールを捕球した後、振り向きざまにすぐに中継にボールを返す。このとき、カットマンがどこにいるかある程度把握していれば、位置を確認しなくても投げることができる。打球方向やランナーの進塁先からカットがどこに入っているか予測して打球処理をする。そうすることでよりスムーズな中継プレーが可能となる。

第 3 章

攻撃戦術

25 バッティングの基本戦術

● どのコースをどうやって打つかをイメージする

打席に入るとき、バッターはまず塁に出ることを考える。出塁には、ヒットやエラーなどさまざまな方法があるが、何も考えずにバットを振っても打率は残せない。そこでストライクゾーンを空間で分割し、イメージして、狙い球を絞る。

このとき相手チームが「どうやって打ち取ろうとしているのか」を分析する。前進守備を敷いていれば、小技を警戒しているし、下がっていれば強振すると考えているのだろう。それを踏まえたうえで、バッテリーは打ち取れると考えた配球をしてくる。では自分はどのコースを、どのように打つのか、イメージして打席に立ちたい。

TACTICS
ストライクゾーンを9分割する

ストライクゾーンを空間で9分割してイメージする。これがバッティングの基本だ。
一般的には真ん中が打ちやすく、上下左右は打ちにくくなる。四つ角はさらに打つのが難しい。

まずはココを押さえる!
得意なコース、苦手なコースを知る

9分割をイメージして実際にボールを打つと、どこがクリーンヒットになって、どこが凡打するのかという、傾向がわかる。これが自分のバッティングの特徴ということになる。それを踏まえたうえで、ではどうしたらいいのかという対策を立てていく。

A ヒットにできる確率の高いところ
B 打者のタイプや能力により分かれる
C
D ヒットにできる確率の低いところ

指導のPoint
打てるコースを増やしていく

最初は9分割のうちの真ん中1か所だけしか打てないかもしれない。それなら次は真ん中外側を打てるようにする。それができるようになったら、真ん中高目を打てるようにする。このように少しずつ打てるコースを増やしていく。9分割することで、バッティング練習の課題がはっきりしてくる。

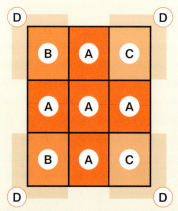

第3章　攻撃戦術

TACTICS
9分割が難しいときは2分割、3分割から始める

▼

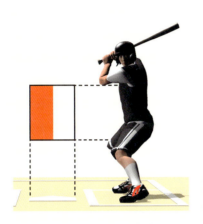
① 内（イン）と外（アウト）に分ける

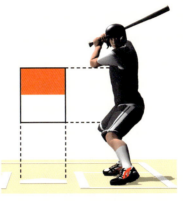
② 高（ハイ）と低（ロー）に分ける

指導のPoint
範囲を少しずつ広げていく

最初から9分割にすると、イメージするのが難しいというときには、2分割から始めてみる。スイングのクセやバットの軌道によっては、極端にアウトコースが打ちやすいとか、高目が打ちやすいということがある。自分が得意なコースを知るという効果もある。

少しずつ打てる範囲を広げていく。
やがて9分割のイメージにも近づく。

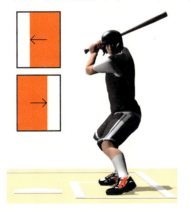

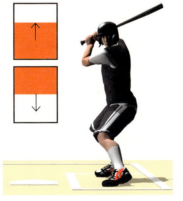

指導のPoint
狙い球を絞るときに便利

ライズボールは高目に、ドロップは低目に投げるのがセオリーだ。ということは、試合で狙い球をライズボールに絞るなら高目、ドロップに絞るなら低目、というように2分割を応用できる。

ストライクゾーンを上下に3分割する

▶ ワンランクアップを目指す！
真ん中の高さに絞り、ボール球を見極める

試合中に相手バッテリーがストライクを取りにくるのか、ボール球を振らせようとしているのかを見極めることは重要だ。これがあいまいだと、高目のボールになるライズボールを振らされてしまうといったことがある。そこでカウントによっては、真ん中だけに絞るということも有効だ。

Softball tactics 087

TACTICS

コースの絞り方　追い込まれるまでは…

例えば真ん中から外に絞る。ただし積極的な姿勢は持っておく。真ん中のやや高目や低目にも体が反応して打てるのが理想だ。

> ⚠ **まずはココを押さえる！**
>
> **コースや球種を狭く絞る**
>
> 2ストライクまでは、自分の得意なコースや球種に絞って待つ。まずコースで絞るときは、そのコースに投げてくる球種はすべて打ちたい。逆に球種で絞るときはコースに関係なく打っていくことが必要だ。なぜならレベルが上がれば、1打席で甘いボールは2球もこない。甘いボールには体が勝手に反応するような集中力と技術を身につけていく。

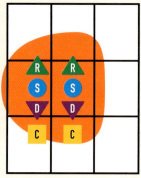

コースで狙う

どんな球種でも狙ったコースにきたら反応する。

TACTICS

コースの絞り方　追い込まれたら…

しっかり振っていけるコース（または球種）とファウルでよいコース（または球種）を決めて狙うことができれば、ボール球を打たされることが少なくなる。

> ⚠ **まずはココを押さえる！**
>
> **追い込まれても冷静に、焦らない**
>
> もしカウント0-2でも、0-0のときと同じ気持ちで打席に立つことが重要だ。急に慌てたり、プレッシャーを感じるようでは、そこに付け込まれる。2ストライクになった経過を頭の中で整理して、ではバッテリーはどうやって打ち取ろうとしているのか予測してみる。0-2で投げてくる投球の8割以上は、アウトコースのボール球、もしくはインコース高目のボール球になる。

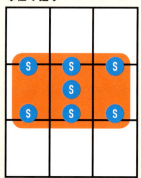

球種で狙う

狙った球種を確実に打つ。

TACTICS

厳しいコースはファウルにする

2ストライクになったからといって、どんなボールでも打ってやろうという単純な考えではボール球に手を出してしまう。ピッチャーと自分の力関係やそれまでの配球などから狙い球を絞りつつ、厳しいコースはファウルでもいいという気持ちで向かう。

第3章　攻撃戦術

TACTICS
球種の絞り方

▼

ライズボールやドロップが甘いコースにくれば、ヒットゾーンになる。
コントロールミスした投球ではボールの変化も小さくなることが多い。

▶ ワンランクアップを目指す！
タイプと得意球を見抜く

球種を読むとき、ピッチャーのタイプや配球の傾向を見抜くことが重要だ。速球タイプなのか、変化球タイプなのか。そしてどの球種を得意としていて、それをどういうカウントで投げてくることが多いのか。そのうえで、あえてピッチャーの得意球を狙うのか、別のボールを打つのかを決めていく。カウント球を見つけて積極的に打って行こう。

甘いコースは逃さない。

▶ ワンランクアップを目指す！
ピッチャー心理を読む

イニングや得点差、ランナーの有無やカウントなどの状況を理解したうえで、ストライクを取りたいのか、ボールでもいいのか。どうやってアウトを取ろうとしているのか。など、ピッチャー心理を想像してみることで、狙い球が絞りやすくなる。相手の術中にはまらないようにする。

TACTICS
攻略法を考え、打球をイメージする

▼

▶ ワンランクアップを目指す！
前の打席のデータを覚えておく

最終的に、バッティングで良い結果を得るためには、ピッチャーを分析して、攻略法を考えることは欠かせない。球速、投げる変化球に加えて、カウント球、勝負球を知り、前の打席での投球をもとに次はどういう配球をしてくるかを考える。自信を持って狙い球を打つには、こういう思考がレベルを高めていく。

▶ ワンランクアップを目指す！
どこに打つかをイメージする

どこにどんな打球を打つかをイメージできると、どの球種やコースを打てばいいのか具体的に見えてくる。そうすると自分のバッティングフォームを崩さない、ボール球に手を出さない、といったことにもつながる。

Softball tactics　089

26 送りバント

▶ ランナーを先へ進めて、得点しやすくする

　ランナーは1塁より2塁、2塁より3塁にいたほうが得点に近づく。出塁したランナーを確実に先の塁へ進めやすい戦術が、送りバントだ。状況によっては、ピッチャーは無理せずアウトカウントを稼ぎたいと考えるので、あまり難しく考えないようにする。

　バッターはピッチャーの力量、内野手のスキルとポジションを頭に入れて、どこを狙うか決める。投球がストライクで、バントの構えをしたらランナーは走る。空振りや打ち上げは、絶対にしてはいけない。ゴムボールなら、高くバウンドさせると捕球をワンテンポ遅らせることができる。

守備スキルの穴を狙う

バント処理をするのは、ピッチャー、キャッチャー、ファースト、サードの4人。まずは守備スキルとポジショニングをよく分析する。ダッシュのスピード差や明らかにバント処理のうまい下手があるなら、そこを狙うのもいい。

A ピッチャーの力量、内野手のスキルとポジションなど総合的に考えて、転がすところをイメージする。

バントを狙うエリア

D 1塁コーチャーはセカンドの動きに注意し、ピックオフで動き出したときには1塁ランナーに声を出して指示をする。

C 1塁ランナーは離塁後にファーストと重なることで、バッターがバントする瞬間が死角にならないようにする。特に大型のファーストのときは注意する。

B キャッチャーがアウトコースに構えたらピックオフに注意する。絶対にボールから目を離さない。また帰塁のときのスライディング方法を決めておく。予測していないことが起きて、急に動き出したときほどケガをしやすい。
→①立ったまま戻る②足から戻る③手から戻る

check ✓ 要点をチェック！
1 ▶ 送りバントはランナーを先の塁へ進める戦術
2 ▶ 空振りやフライを打ち上げるのは、絶対に避ける

第3章　攻撃戦術

バッテリーの考えを読む

①バントのケースだが、エンドランやスチールも警戒している
　➡チェンジアップ、ストレートは投げにくい。アウトコース中心の配球になる
②バントをやらせて、先の塁でアウトを取りたい
　➡強いバントになるように、インコースのストレートを投げる
③バント失敗を狙う
　➡ライズボールやアウトコースのスライダー系でフライを打ち上げさせる
④ピックオフでランナーアウトを狙う
　➡真ん中の高さでコースをアウトコースに外してピックオフプレーをする

指導のPoint
バッターがやってはいけないこと

①フライを打ち上げる
②バントの構えをして空振り
③ストライクを見逃す
④野手の正面に転がす

②③はランナーが飛び出してアウトになる

どこを狙うか

右利きの場合、2塁送球は鋭角になる。

A ファーストが捕ると、サード同様に、送球が鋭角になるので、2塁送球が難しい。また右利きのファーストは2塁へ送球するために体を反転させる必要がある。

B サードがこのエリアまで出てくるには、時間がかかる。しかも送球が鋭角になるので、2塁送球は難しくなる。

C バントが強いと、膨らみながらボールへアプローチできるので、2塁へ送球しやすい。捕球姿勢から送球もスムーズで、バント失敗になりやすい。

Softball tactics　091

27 スラップバッティング

▶ 走りながら打って、そのまま走る

スラップバッティングは、左の小技系のバッターの強力な武器になる。走りながら打つため、ボールが転がったときにはすでに加速している状態。打ってから走り出すよりも、1塁へ早く到達できる。

日本では上からボールを叩いて弾ませるものと考えられているが、しっかりミートをして野手の間を抜くような打球を打つのが理想だ。強い打球が飛んでくると思うと、内野手は極端に前進守備ができない。守備が深くなれば、セーフティバントが狙える。スラップバッティングとセーフティバントの使い分けは強力だ。

スラップバッティングを狙う方向と球質

スラップバッティングでは強い打球（❶）、野手の間を抜く打球（❷）が理想。その他、前進守備のサードの頭上を越えるような打球（❸）、高い緩いバウンドで野手の前で止まる打球（❹）を狙う。

❶ 強い打球
❷ ゴロで間を抜く
❸ サードの頭上を越える打球
❹ 野手の前で止まる打球

指導のPoint
右肩の開きを抑える

ボールを打つ際に右肩が開くとアウトコースにバットが届かなくなる。原因は1塁へ走る動きが早いからだ。練習ではショート方向へ走り出す動きで習得したい。

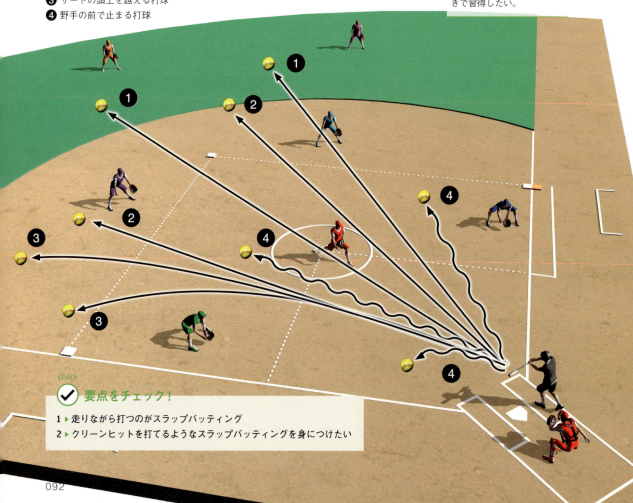

check
✓ 要点をチェック！
1 ▶ 走りながら打つのがスラップバッティング
2 ▶ クリーンヒットを打てるようなスラップバッティングを身につけたい

第3章 攻撃戦術

まずはココを押さえる！
スラップバッティングの考え方

ボールをとらえるという点に注目すると、普通のバッティングもバントも、スラップバッティングも同じ。違うのは打つときのステップの仕方と、打つ瞬間のスタンス。打球の打ち分けはインパクトがポイントになる。

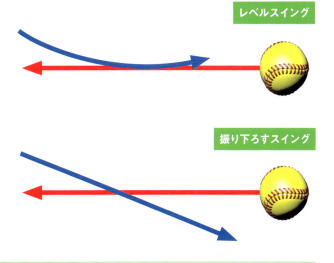

レベルスイング

レベルスイングをすればボールと並行して動く瞬間がある。しかしバットを上から振り下ろすとボールとバットが当たる地点は、1か所だけ。この1点にタイミングを合わせない限り当たらないということになる。特にドロップボールでは空振りとなる。

振り下ろすスイング

バッテリーの裏をかく

スラップバッティングでファウルになると、バッテリーはタイミングを外そうとチェンジアップを投げたくなる。これはバッテリーの配球のセオリーだ。それを狙って強振していくのも手だ。

A に当たればゴロになり、
B に当たればライナーになり、
C に当たればフライになる。

指導のPoint
バットの軌道ではなく、ボールのどこに当たるか

ゴロを打つとき、バットを上から下へ振って、ボールの上を叩こうとするのは間違い。打球の質はボールのどこを打つかと、どこのポイントでインパクトするかで決まる。ボールの下に当たればフライになり、中心に当たればライナーになり、上に当たればゴロになる。

指導のPoint
スラップバッティングの練習法

右足の前から左足をクロスさせてバットを構える。ここから実際にボールを打つ、という練習をやってみよう。最初から動きながら打つのは難しいので、まずは姿勢を作ってから打つ練習が効果的だ。スラップバッティングの感覚をつかもう。

打球の質を決める条件
① ボールのどこに当たるか
　上 ➡ ゴロ
　中心 ➡ ライナー
　下 ➡ フライ
② ミートポイント
　前 ➡ フライ
　中心 ➡ ライナー
　後ろ ➡ ゴロ
③ バットのどこに当たるか
　芯 ➡ ライナー
　先端 ➡ ゴロ
　根元 ➡ フライ

ワンランクアップを目指す！
スラップバッティング習得の手順

① 芯でボールをとらえる
　➡ 足をクロスした姿勢から打つ練習をする
② 打球を打ち分ける
　ゴロ ➡ ボールの上を叩く
　ライナー ➡ ボールの芯を叩く。さらに打球の強弱をつけられるようになる
③ 打球方向を打ち分ける
　センター ➡ ショート ➡ 三遊間 ➡ サード

28 セーフティバント

● 打つと見せかけて、バントで出塁する

　セーフティバントは、打つと見せかけて急にバントをする奇襲作戦だ。打つと思った内野手は両足をついて強い打球に備える。このため前に出るのが遅れ、打球処理に時間がかかる。この間に1塁まで到達する。1塁ベースに近く、バントしながら走り出しやすい左バッターは有利だが、右バッターでも狙えないことはない。

　俊足選手は元々小技を警戒されるため、いかにも「打つぞ」、「思い切ったスイングをするぞ」というそぶりを見せておくことが大切だ。さらにバントをすると見せかけて、打つ構えに戻し、もう一度バントといった高度なスキルも有効だ。

グリップの左手（左バッター）だけをずらす

ヒッティングでは、両手をくっつけてグリップを握るが、セーフティバントのときはそこから左手だけをずらす。スラップバッティングも可能なグリップのため相手野手は動きづらい。ファーストとサードは、このグリップの動きを見て、バントの構えをする前から動き出す。

この範囲に転がして止めることができればセーフになる可能性が高い

✓ 要点をチェック！

1 ▶ 打つと見せかけて、バントをするのがセーフティバント
2 ▶ ファーストとサードに前進させないことがポイント
3 ▶ すばやい動きでバントができれば効果大

指導のPoint

技術を磨いていく手順

①まずはヒッティングの構えからバントをして、転がす技術を身につける
②グリップを動かすタイミング、構えるタイミングを追求する。このタイミングがあまり早いと野手のスタートも切りやすくなる
③狙いやすいのはインコース。バントが体の近くでできるので、バット操作がしやすく、また1塁へ良いスタートを切りやすい

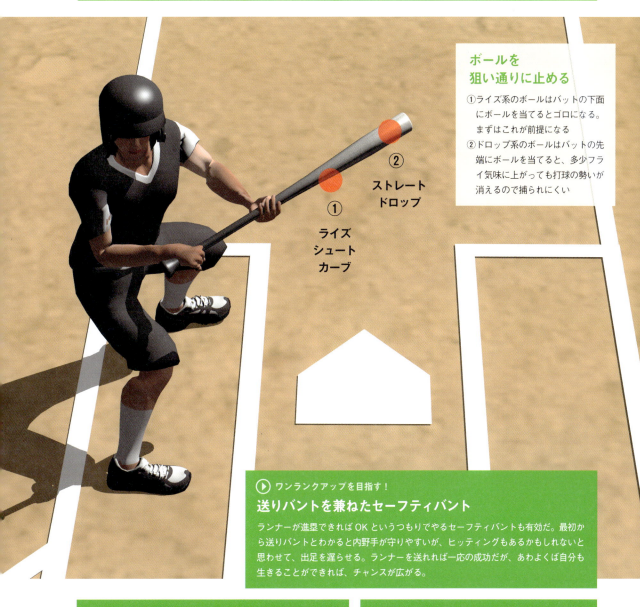

ボールを狙い通りに止める

①ライズ系のボールはバットの下面にボールを当てるとゴロになる。まずはこれが前提になる
②ドロップ系のボールはバットの先端にボールを当てると、多少フライ気味に上がっても打球の勢いが消えるので捕られにくい

① ライズ シュート カーブ
② ストレート ドロップ

▶ ワンランクアップを目指す！
送りバントを兼ねたセーフティバント

ランナーが進塁できればOKというつもりでやるセーフティバントも有効だ。最初から送りバントとわかると内野手が守りやすいが、ヒッティングもあるかもしれないと思わせて、出足を遅らせる。ランナーを送れれば一応の成功だが、あわよくば自分も生きることができれば、チャンスが広がる。

▶ ワンランクアップを目指す！
セーフティバントと悟られずにやる

①ピッチャーが投げた瞬間、トップハンドだけをバットの上方へずらしてバントする
②ピッチャーのモーションに合わせて、トップハンドの位置を動かす。するとファーストとサードが前に出ようとする。ここで一度グリップを戻すと、強い打球に備えて足が止まる。再度トップハンドをずらしてバントする

▶ ワンランクアップを目指す！
球種による打球の質の違いを知る

もともとライズボールは小フライになりやすい。しかし強さを調整すれば、野手の前に絶妙なバントになる。逆にドロップは強く転がりやすいので注意。またアウトコースに逃げていくカーブ系のボールを追って当てるとフライになりやすい。特に左バッターは走る方向と逆なのでバットのヘッドも下がりやすく難しい。

29 スチール

> 投球と同時にスタートして、先の塁へ進む

　ピッチャーの投球と同時にランナーが先の塁を狙うのがスチールだ。狙うタイミングや積極度には、監督のスタイルや考え方が表れる。試合の流れや配球を読む力も必要になる。

　思い切って狙うなら初球。どうやって攻めようかと迷っているうちに、ストライクを取られるとなかなか走れなくなる。また、足が速いだけでは、警戒しているバッテリーからは成功させられない。モーションに合わせてスタートする技術を磨く努力が必要。バッテリーをよく観察していると、球種が読めることがある。チェンジアップなら思い切ってスタートを切る積極性も大事だ。

勝負は駆け引きから始まる

足の速い選手に積極的に走らせる。次はスタートを切るが、走らない。こういった駆け引きが重要だ。バッテリーがランナーを必要以上に警戒してくれたら、それだけでも有効だ。チェンジアップを投げづらくなったり、ボール球が先行したりすれば、バッターが打ちやすくなる。特にドロップ、チェンジアップはショートバウンドになりやすいので、スキをみて次の塁へのスタートを切れる準備をしておく。

B ランナーを援護する

check 要点をチェック！
1. 油断しやすい初球は成功しやすいことがある
2. チェンジアップを狙って仕掛ける

まずはココを押さえる！
キャッチャーの構えを観察する

キャッチャーの姿勢、ミットの位置、スタンスなどの構えをよく観察すると、コースや球種が読めるときがある。チェンジアップはキャッチャーに届くまでに時間がかかる。ドロップはキャッチが低くなるので送球しにくい。そういったタイミングでスタートを切ればセーフになる確率は高くなる。

指導のPoint
バッターが援護する

キャッチャーに送球しにくくするために、バッターが援護する方法は4つある。
① バントの構えからバットを引く
② エンドランに見せかけた空振り
③ 振り遅れて空振りする
④ スラップバッティングでの空振り

スチールの練習法

①スタート
ピッチャーによって腕の振り方（モーション）のスピードや回転の大きさが違う。レベルの高いピッチャーになると、あえてモーションを変える選手もいる。さまざまなタイミングでスタートが切れるように練習を積んでおく。

②スライディング
スライディングはスピードを落とさず、低く沈むように滑る。ベースのかなり手前からズズーッと滑ると、スピードが落ちてタッチされやすい。ギリギリまで走ってから、ザッと滑るようにする。滑ったらすばやくベースに足を伸ばすイメージだ。

③リスタート
滑ったらすばやく立ち上がり、ボールの位置を確認するまでを練習しておく。キャッチャーからの送球が逸れたら、すぐにスタートを切るためだ。

第3章　攻撃戦術

> ▶ ワンランクアップを目指す！
> ### スチールを狙いやすいタイミング
> ①**ランナーが出た直後の初球**
> 　相手バッテリーは、どう攻めてくるか探っている
> ②**無死1塁の絶対バントのケース**
> 　得点差や打順でバントのサインの確率が高いケースでは、スチールの警戒が少なくなる。
> ③**チェンジアップ、ドロップ**
> 　送球までに時間がかかる。ショートバウンドもある
> ④**右利きのキャッチャーのとき、左バッターのインコース**
> 　バッターが邪魔になって投げにくい
> ⑤**0-2のカウント**
> 　バッテリーの警戒が少なく、投球がボール球で送球しにくい

> ▶ ワンランクアップを目指す！
> ### ピックオフに注意する
> バッテリーがよくピッチドアウト（大きく外す）してくるときには、スタートに注意する。レベルが上がるとチェンジアップを投げるふりをして、誘うという老獪なバッテリーもいる。

1R
初球、チェンジアップ狙いなど駆け引きも必要。

🔍 **point of view**
別角度からの視点

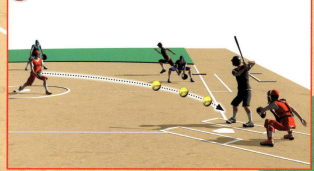

チェンジアップはスチールのチャンス。

Softball tactics　097

30 ヒットエンドラン

▶ **打つことを前提にしてランナーがスタートする**

ランナーが1塁に出て、送りバントをしようとするが、2球ともファウルになり2ストライクに追い込まれてしまった。ここで単純にヒッティングに切り替えると、セカンドゴロやショートゴロで、最悪の場合ダブルプレーの危険がある。

そんなとき、ストライクを取ってくるだろうというタイミングでランナーを走らせて、バッターはスイングして確実にゴロを打つ。スタートを切っているので、内野ゴロでも進塁打になってランナーを得点圏に進められる。ランナーは打球（ライナー、フライ）を見てから戻っても間に合わないため、バッターは絶対にゴロを転がす打撃が必要となる。

check 要点をチェック！
1 ▶ 打つことを前提にして、ランナーがスタートする
2 ▶ フライは絶対に打ち上げない。空振りも避けたい

B 確実にゴロを打つ。

1R 打つことを前提に思いきってスタート。バッターを確認。

指導のPoint
単独スチールに変わる

投球がチェンジアップの場合、ランナーに走力があれば、バッターは打たずに単独スチールに切り替えることができる。バッターはストレート系のボールに狙いを絞れる。

第3章 攻撃戦術

⚠️ まずはココを押さえる！
狙いを明確にしておく

監督はランナーとバッターに狙いを明確に伝えておく必要がある。進塁打にするのが優先なら、バッターは確実に転がさなければならない。ギャンブルに出るなら、野手の間に強い打球を打たせる。成功すれば、ランナー1塁が1、3塁のビッグチャンスになる。ただしこれはライナーやフライでダブルプレーを覚悟したうえでの戦術になる。

指導のPoint
ランナーの背中側に飛んだとき

ランナーが打球を見て、自分の背中側に飛ぶのがわかったとき、2塁ベースに到達する前に、3塁コーチャーを必ず確認する。一二塁間やライト線へ抜けていれば、確実に3塁まで進める。

⚠️ まずはココを押さえる！
ランナーの心構え

ランナーは走ってから、ボールの行方を確認する。この「見る」という動作のタイミングは練習しておく必要がある。ただしちょっとタイミングがずれたり、野手と重なったりして見えないことがある。そんなときは空振りなのか打ったのかは、バットの音で判断し、その後コーチャーやベンチの声を頼りにボールを探す必要がある。

▶ ワンランクアップを目指す！
ボールが先行したときが狙い

ヒットエンドランは、高い確率でストライクを取ってくるというタイミングで仕掛ける。例えばボールが先行したとき。そのためにはランナーがスタートの構えを見せて揺さぶりをかけるなど、バッテリーに投げにくくさせる工夫が必要になる。

セカンドやショートの動きが早い場合

2B SS スチールに反応して2塁ベースに寄る。

▶ ワンランクアップを目指す！
広いヒットゾーンができることもある

ランナーがスタートを切ると、セカンドかショートがベースカバーに入る。この動きが早いようなら、広いヒットゾーンが生まれることがある。どちらがベースカバーに入るかわかっていれば、そちらを狙うのも有効だ。

31 ランエンドヒット

▶ スチールを先行させて、バッターはストライクを打つ

　ヒットエンドランと似ている戦術に、ランエンドヒットがある。ヒットエンドランが打つことを前提にしているのに対して、ランエンドヒットはスチールを先行させて、バッターは打てるボールなら打つ。このためランナーには単独でスチールを成功させるだけの足が必要になる。ヒッティングが成功すると、ランナーは高確率で2つ先の塁まで進める。

　3ボール2ストライクでスチールのサインが出たときは、バッターは自分のやるべきことを整理しておく。ボールなら振らずに四球。無死、一死なら確実にゴロを打つ。一二塁間ならベストだ。

check 要点をチェック！
1 ▶ スチールさせて、バッターは打てるボールを打つ
2 ▶ バッターがランナーを助けることができる

1R 単独スチールが可能な走力が必要。

B ボール球は見逃す。打つのは一二塁間へのゴロ。

バッターは打てるボールだけ打つ

投球と同時にランナーはスタートを切る。バッターは狙い球だったときや、打てると判断したボールを打つ。打たなければ単独スチールになる。相手にスチールを警戒されているときに仕掛けると、バッテリーが外すこともあるため危険だ。

第3章 攻撃戦術

指導のPoint

スチールのサインでやることを整理する

ランエンドヒットは、スチールのサインでバッターがやることを決めておく戦術と言い換えることができる。

① **2ストライクまでは打たない**
→ランナー2塁へ進めてからの攻撃がしたい

② **打てるボールなら打ってもいい**
→うまくいけば1、3塁から攻撃ができる。
　1ストライク後が多い

③ **ストレートは打つ**
→ランナーが刺されやすい。狙いが絞りやすく集中できる

④ **チェンジアップは打たない**
→ランナーがスチール成功する確率が高い

スチールのサインからの攻撃

SS 2塁のベースカバーを意識する。

2B バントを予測して1塁のカバーを意識。

1B バントを意識して前進。

▶ ワンランクアップを目指す！
バスターで野手の間を狙う

スチールのサインを出しておいて、バッターにはバントの構えからヒッティングをするバスターをやらせる。内野手に送りバントと思わせるのが狙いだ。ファーストとサードは前進し、セカンドとショートもベースカバーに動き始めるため、間を抜ける可能性が高くなる。

Softball tactics

32 走塁のポイント

▶ 足が速いか遅いかではなく、判断力が大切

走塁でもっとも大切なのは、判断力である。打球を見て、落ちるのか、捕られるのかを判断する。落ちるなら、野手の前で捕球されるのか、間を抜けるのかを判断する。そして瞬時に行動に移し、次の塁に行けるのか、行けないのかも判断しなければならない。落ちてからスタートを切るのではなく、落ちそうだ、でスタートを切るような走塁技術を目指していこう。

足が速い、遅いは走塁には関係ないと考えること。なにより塁間が18メートルしかないソフトボールで、俊足だからといって何メートルも差がつくことはないのだ。

指導のPoint
離塁は1歩目を大きく出す

ピッチャーの手をボールが離れたら、ベースを離れる。このときの1歩目を大きく踏み出し、3歩目では止まる。特に1塁はキャッチャーからも近いため、4歩進むとピックオフの危険が高くなる。1歩目が小さいとほとんど出られない。

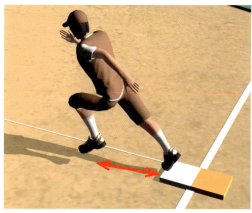

1歩目を大きく踏み出す。

指導のPoint
背中側へ180度反転して帰塁する

離塁したらバッターを見て、ボールがホームベースを通過したら戻る。ピックオフの危険もある。背中側に180度反転して、すばやく戻るようにする。常に低い姿勢で動くことが重要。

指導のPoint
スライディングは動作をすばやく

スライディングは、滑る前の走る距離を長く、滑る距離は短くする。滑ったらベースに足をすばやく入れる。滑ってから立つまでがスライディングで、送球が逸れたらすかさず先の塁を狙う。

 check
✓ 要点をチェック！
1 ▶ 打球が「落ちそうだ」でスタートする判断力を磨く
2 ▶ 俊足かどうかは関係ない

⚠ まずはココを押さえる！
走塁のスキル要素
① 離塁
投球と同時にベースを離れる
② 帰塁
バッターが打たなければ戻る
③ スタート
バッターが打ったら次の塁へ走る
④ スライディング
ベースに滑り込んで立つ
⑤ ベースタッチ・オーバーラン
ベースを踏んでさらに先の塁へ進む

▶ ワンランクアップを目指す！
偽装スタートも練習しておく

バッテリーや守備をゆさぶるのに、偽装スタートは有効だ。走るぞと見せかけると、バッテリーはチェンジアップを投げにくくなる。ワンバウンドはさせられないというプレッシャーもかかる。外してくれればカウントが有利になる。

▶ ワンランクアップを目指す！
打球を判断してスタートを切る

バッターが打ったら離塁したところからスタートを切る。このときの判断の速さが走塁技術を決めるといっていい。ランナー1塁なら打球が下に飛んだらゴー。上に飛んだら打球の速さ、角度などから瞬時に判断しなければならない。事前に風や守備側のポジションなども頭に入れておくこと。

第 **4** 章

状況別戦術

33 攻撃の基本戦術

> 得点するまでの攻撃をイメージする

攻撃は最終的にランナーを本塁にかえすことが目的だ。ランナーがいなければ、ホームランでしか得点はできないが、ランナーが3塁にいるなら、得点の手段はたくさんある。1塁から2塁、2塁から3塁へと本塁に近づけていき、最後に得点するまでの一連のプレーを考えるのが、攻撃戦術だ。

そしてランナーをどうやって進めるかという具体的な手段が見えてくる。送りバントなのか、スラップバッティングなのか、ヒッティングなのか。バッターとランナー、相手投手と守備力、守備位置などを総合的に考えて戦術を立てていく。

①出塁の方法

状況 ランナーなし ➡ ランナー1塁
バッターは塁に出ることを目指す。
ヒットのほか、四死球やエラーなどもある。

指導のPoint
ヒットだけが出塁方法ではない

クリーンヒットを打てればそれが一番いいが、出塁する方法はヒットだけではない。ボールをよく見る、ファウルで粘るなどしてフォアボールを選んでの出塁も相手に与えるダメージは大きい。また凡打に終わっても相手がファンブルする可能性もあるので、1塁まで全力で走るようにする。

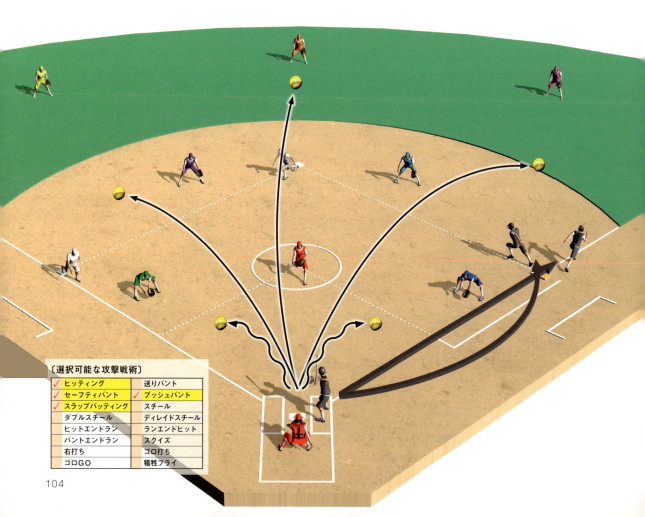

〔選択可能な攻撃戦術〕

✓ ヒッティング	送りバント
✓ セーフティバント	✓ プッシュバント
✓ スラップバッティング	スチール
ダブルスチール	ディレイドスチール
ヒットエンドラン	ランエンドヒット
バントエンドラン	スクイズ
右打ち	ゴロ打ち
ゴロGO	犠牲フライ

②進塁の方法

| 状況 | ランナー1塁 ➡ ランナー2塁
ランナー2塁 ➡ ランナー3塁
ランナー1、2塁 ➡ ランナー2、3塁 |

ランナーを先の塁に進める。1塁では単打で生還することは難しいが、2塁、3塁なら確率が高くなる

③生還の方法

ランナーを返す。これが最終的な目的になる。3塁から生還させるか、2塁から生還させるか、進塁の考え方とかかわってくる

34 走塁の基本戦術

単打で2つ先の塁を狙う

ランナーが1塁に出塁しても、そこから一気に得点する手段は多くない。そこで次に得点の可能性が高いところまで進塁させることを考える。このとき常に「2つ先の塁」を頭に入れることが大切だ。

無死1塁から進塁打を2つ成功させたとしても、二死3塁。これではスクイズや内野ゴロの間に1点というわけにはいかない。自力で得点するためには、最低でもヒットが必要となる。そこで無死2塁か、一死3塁にする方法を探る。ランナーなしなら2塁、ランナー1塁なら3塁と、2つ先の塁を狙うのが、攻撃戦術の醍醐味である。

1、3塁の形をつくる

1R 3塁を狙う走塁をする。

B シングルヒットでもチャンスがあれば2塁を狙う。

⚠️ まずはココを押さえる！
1、3塁が攻撃の理想の形
無死でランナーが1塁に出塁したら、アウトカウントを増やさずに1、3塁にするのが理想だ。例えばランナー1塁からヒットエンドランで一二塁間を破れば1、3塁になる。

✓ 要点をチェック！
1. 進塁は常に2つ先の塁をイメージする
2. 無死2塁、一死3塁をまず狙う

第4章 状況別戦術

無死2塁の形をつくる

B 打球から目を離さない。

指導のPoint
シングルヒットを2塁打にする

先頭打者としてシングルヒットを打ったとき、外野手が打球処理にのんびりと時間をかけているようなら、2塁を狙えるかもしれない。後逸しないとしても、ちょっとしたファンブルがあるかもしれない。打球から目を離さず、集中して何かあれば先を狙うという姿勢が大切だ。

相手を揺さぶる

1R スチールをにおわせてプレッシャーをかける。

B 構えでバッテリーを揺さぶる。

▶ ワンランクアップを目指す!
バッテリーに揺さぶりをかける

ランナー1塁なら、送りバントの構えをして内野の守備位置を動かす。1塁ランナーは、スチールを狙っているふりをして、バッテリーを揺さぶる。何かできることはないか、工夫することはないかとそれぞれの役割を考える。

指導のPoint
先の塁を狙う走塁を常に考える

打球の方向や外野手の利き手を頭に入れていれば、捕球姿勢から先の塁を狙う判断もしやすくなる。また、高さ、コース、勢いなど、打球の行方を見て状況判断することも大事だ。

走塁の注意点

指導のPoint
1塁ベースのオーバーラン

ランナー2塁でライト前ヒットを打った。2塁ランナーがホームを狙いながら3塁でストップするようなとき、1塁ランナーのオーバーランは小さくする。バックホームはファーストにもカットでき、1塁ベースにはセカンドが入るため、オーバーランが大きすぎるとタッチアウトの危険があるためだ。ヒットを打って安心しがちで見逃しやすいところなので、注意すること。

指導のPoint
3塁ベースのオーバーラン

ランナー1塁で長打を打った。1塁ランナーは2塁ベース手前と、3塁ベースの手前の2か所で3塁ベースコーチャーをチェックする。コーチャーもここで見ることがわかっていれば、このタイミングで的確に指示を出せる。また3塁でストップする場合、右中間やライトからの返球Bならオーバーランはやや大きくてもいいが、レフトAの返球の場合は小さくする。

3塁コーチャーの指示を見る

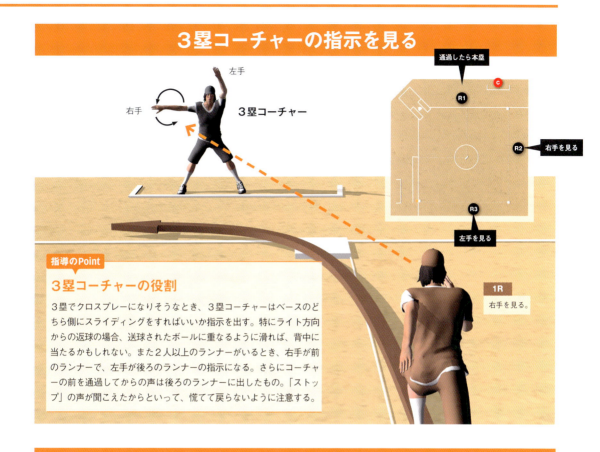

指導のPoint
3塁コーチャーの役割

3塁でクロスプレーになりそうなとき、3塁コーチャーはベースのどちら側にスライディングをすればいいか指示を出す。特にライト方向からの返球の場合、送球されたボールに重なるように滑れば、背中に当たるかもしれない。また2人以上のランナーがいるとき、右手が前のランナーで、左手が後ろのランナーの指示になる。さらにコーチャーの前を通過してからの声は後ろのランナーに出したもの。「ストップ」の声が聞こえたからといって、慌てて戻らないように注意する。

無死 or 一死1塁で外野に大きなフライが上がった場合

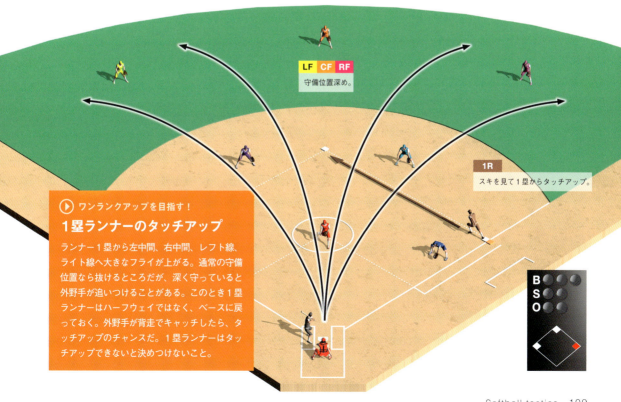

ワンランクアップを目指す！
1塁ランナーのタッチアップ

ランナー1塁から左中間、右中間、レフト線、ライト線へ大きなフライが上がる。通常の守備位置なら抜けるところだが、深く守っていると外野手が追いつけることがある。このとき1塁ランナーはハーフウェイではなく、ベースに戻っておく。外野手が背走でキャッチしたら、タッチアップのチャンスだ。1塁ランナーはタッチアップできないと決めつけないこと。

35 無死、一死、二死／ランナーなし

> なんとかして出塁することを考える

　アウトカウントにかかわらず、ランナーがいなければ、なんとかして出塁することを目指す。このとき、まず大切なのは、相手の守備位置をよく見ること。特に小技系のバッターは、内野のポジショニングを見ることによって、相手が何を警戒しているのか、自分が何をすると思っているのかわかることがある。それならその裏をかいたり、あえてそれをやるふりをして、ミスを誘ったりと、何か工夫ができるはずだ。

　また基本的に左バッターの場合、一二塁間、三遊間は狭く、二遊間が広がることが多い。ピッチャー返し、センター返しのバッティングを心がける。

守備位置をよく見て相手が何を警戒しているか考える

C 二遊間のヒットゾーンが広くなる。

B セーフティバントのとき、ファーストは前に出る。セカンドは1塁のベースカバーのために、やや1塁寄りに守る。

A 小技系のバッターに対して、バッテリーはアウトコースを中心に組み立てる。スラップバッティングやセーフティバントに備えて、ショートは三遊間寄りに守る。

⚠️ まずはココを押さえる！
左バッターは二遊間が狙い目
左バッターの場合は、スラップバッティングやセーフティバントに備えてショートは三遊間寄りに守り、セカンドは1塁ベースカバーのためにやや1塁寄りに守る。そのため、二遊間が広くなり、ヒットゾーンが広がる。

第4章　状況別戦術

> ⚠️ **まずはココを押さえる！**
>
> ## 打席に立つときの心得
>
> ①**積極的に**
> 甘ければファーストストライクから積極的に打つ
> ②**ときには「待て」**
> 荒れ球ピッチャーなら、「待て」でカウントを有利にすることもある
> ③**自信を持つ**
> 自分のバッティングに自信を持ち、狙って打つ（迷いは禁物）
> ④**揺さぶる**
> スラップバッティングやセーフティバントでバッテリーに揺さぶりをかけて、カウントを有利にしたり、ピッチャーのペースやリズムを乱す

> **指導のPoint**
>
> ### 外野手が長打を警戒しているなら
>
> 長打があるパワー系のバッターに対して、外野手がフェンスの近くまで下がるのは、ワンヒットで2塁打にされるのを嫌がっているということ。こういうときは無理に長打を狙わずに、ミート中心に考えて、内外野の間にヒットする。

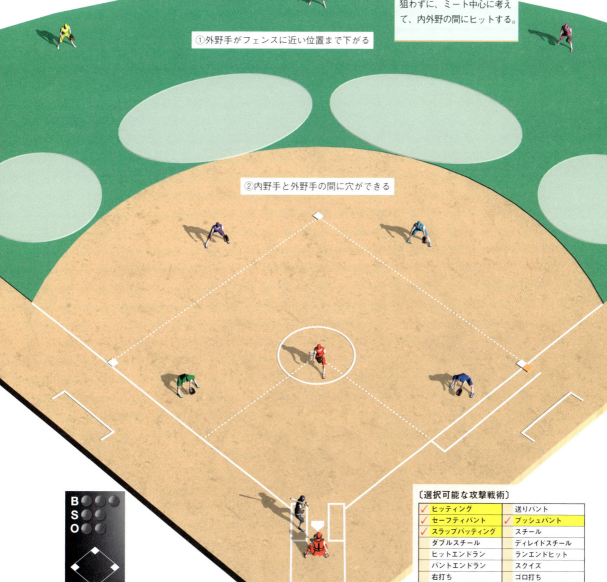

①外野手がフェンスに近い位置まで下がる

②内野手と外野手の間に穴ができる

〔選択可能な攻撃戦術〕

✓ ヒッティング	送りバント
✓ セーフティバント	✓ プッシュバント
✓ スラップバッティング	スチール
ダブルスチール	ディレイドスチール
ヒットエンドラン	ランエンドヒット
バントエンドラン	スクイズ
右打ち	ゴロ打ち
ゴロGO	犠牲フライ

Softball tactics

36 無死1塁

> アウトカウントを増やさずに1、3塁を狙う

　無死で1塁に出塁できたケースは、貴重なシチュエーションだ。打順やバッターの特徴によってさまざまな戦術が考えられるので、いくつかのパターンを身につけておき、相手の守り方に応じて使い分けができるのが理想だ。

　もっとも基本的な考え方は、バッターはランナーが走った後方へ打球を転がすということ。これなら打者走者はアウトになっても、ランナーが2塁でアウトになる可能性はほとんどない。反対にランナーの先へ打ってしまうと、大切なランナーを刺されてしまう可能性が高まる。ダブルプレーという最悪の結果は避けなければならない。

ランナーの後方へ打球を転がすのが基本

まずはココを押さえる！

センターから右中間を狙う

バッティングの基本はセンター方向だが、ランナー1塁では右中間へ意識を持つ。もっといえばランナーが走った背後に転がすようにする。これなら悪くても進塁打にはなる。一二塁間をゴロで破れれば、1、3塁になる可能性が高くなる。

〔選択可能な攻撃戦術〕

✓ ヒッティング	✓ 送りバント
✓ セーフティバント	✓ プッシュバント
✓ スラップバッティング	✓ スチール
ダブルスチール	✓ ディレイドスチール
✓ ヒットエンドラン	✓ ランエンドヒット
✓ バントエンドラン	スクイズ
✓ 右打ち	ゴロ打ち
ゴロGO	犠牲フライ

第4章　状況別戦術

ヒットエンドラン

指導のPoint
ヒットエンドランでヒットゾーンを広げる

カウントが有利になり、バッテリーがストライクを取ってくることが予想できるなら、ヒットエンドランを狙うチャンスだ。ランナーがスタートしたのを見て、ショート・セカンドの2塁ベースカバーが早いなら、一二塁間、三遊間にヒットゾーンが広がる。

ヒットエンドラン

指導のPoint
ランナーは3塁を狙う

ヒットエンドランを仕掛けて、バッターが自分の背後❹に打ったのがわかったら、ランナーは2塁ベースに到達する前に3塁コーチャーを見て、進塁か止まるかを決める。3塁を狙うならベースランニングのスピードを緩めずに一気に3塁ベースへ滑り込む。自分の前方に打球が飛んだ場合❺は、自分の判断で3塁に行くかを決める。3塁コーチャーを見てはいけない。

37 一死1塁

変化球のタイミングでスチールを狙う

　一死から出塁したときと、無死1塁から一死になったときとでは、守備側の心理が違う。後者の場合、アウトを1つ取ったことで、バッテリーや守備に安心感が出やすい。ランナー2塁なら長打にも警戒するが、それもない。それが気の緩みになっていたら、意外な攻撃を仕掛けるチャンスだ。

　常に内野手の守備位置や動きなどを観察するクセをつけること。

　バッテリー側から考えると、無死よりも変化球を投げやすい。裏返せばスチールのチャンス。チェンジアップが読めれば狙い目だ。もちろんヒットエンドランも選択肢のひとつだ。

状況によって戦術はさまざま

守備位置を確認

まずはココを押さえる！

相手の守り方をよく見る

一死1塁は攻撃側がヒットエンドラン、バントエンドラン、スチールなどさまざまなことができるシチュエーションだ。守備側は前進守備と通常守備のどちらをするか迷うところ。それを見極めることが、戦術を立てる第一歩になる。通常守備位置なら、バントの構えを見せるなどして、それに対する反応を見てから仕掛けるのも有効だ。

〔選択可能な攻撃戦術〕

✓ ヒッティング	✓ 送りバント
✓ セーフティバント	✓ プッシュバント
✓ スラップバッティング	✓ スチール
ダブルスチール	✓ ディレイドスチール
✓ ヒットエンドラン	✓ ランエンドヒット
✓ バントエンドラン	スクイズ
✓ 右打ち	ゴロ打ち
ゴロGO	犠牲フライ

相手の考えを読む

スチール警戒の配球。
アウトコースを狙う

▶ ワンランクアップを目指す！
確率の高い攻撃を選択する

ピッチャー対バッターの力関係、または次のバッターとの兼ね合いで、確率の高い攻撃を選ぶ。守備側は明らかにピッチャーの力が上回っていれば、一死からでも送りバントも警戒するし、相手バッテリーは1塁ランナーが俊足なら2塁に送球しやすいアウトコース中心の組み立てになる。

スチール

▶ ワンランクアップを目指す！
チェンジアップでスチールを仕掛ける

一死ということでバッテリーが対バッターに全力を注ぐなら、慌てずじっくり勝負しようとする。早いカウントで決め球はこないと考えられる。バッテリー心理を考えると、チェンジアップを投げたくなるのは、2ストライクに追い込むときや、2ストライクから空振りを狙うとき。そのタイミングでスチールを仕掛けると、成功率は高くなる。チェンジアップやドロップがワンバウンドしたときは、すかさず2塁を狙えるように準備しておく。

38 無死2塁

送って攻撃の選択肢を増やすか、直接得点を狙うか

　無死2塁は攻撃側にとって理想的な状況だ。送って、一死3塁とすればスクイズやヒットエンドランなど、得点パターンの選択肢は無数にできる。送りバントのときは2塁ランナーのスタートは、スチールのタイミングでいい。2塁ベースカバーに入れる野手がいないためだ。

　すでに得点圏にいるので、打順やバッターによっては、強行策で一気に得点を狙うことも可能だ。守備側はヒットエンドランも警戒しなければならないため、守りにくい。センター方向へのヒットゾーンが広がるため、最悪でも転がせば進塁打で一死3塁という気楽な気持ちで打席に立てる。

最悪でも一死3塁をつくる

まずはココを押さえる！

基本通りにセンター返しを狙う

守備側は簡単に送りバントをさせたくない。そこでファーストとサードはバントシフト、セカンドとショートはベースカバーを優先する。このためセンター方向にはヒットゾーンが広がる。バッターはバッティングの基本であるセンター返しを狙う。

〔選択可能な攻撃戦術〕

✓ ヒッティング	✓ 送りバント
✓ セーフティバント	✓ プッシュバント
✓ スラップバッティング	スチール
ダブルスチール	ディレイドスチール
✓ ヒットエンドラン	✓ ランエンドヒット
✓ バントエンドラン	スクイズ
✓ 右打ち	✓ ゴロ打ち
ゴロGO	犠牲フライ

第 4 章　状況別戦術

右打ち、ゴロ打ち

指導のPoint
ヒッティングはセンターから右を狙う

打球の狙いはセンターから右。転がしさえすればランナーは3塁へ進める。最低でもショートを動かして捕らせれば、進塁は可能だ。サードに打つとしても、ゴロを打つときはバットを止めて勢いを消す。サード、ショート、ピッチャーに強い打球は絶対に打たないこと。

指導のPoint
バントの場合は

このケースは送りバントでも3塁はフォースプレーではないので、バッターは比較的気負わずにバントをすることができる。多少強いバントになってもランナーがしっかりスタートを切れればセーフになる可能性は高い。

指導のPoint
バントが苦手なら代打も選択肢

バッテリー心理としては、三遊間やサードに打たせて、2塁に止めておきたいと考える。ランナーが飛び出してくれれば、3塁で刺せるかもしれない。そのため左バッターにはアウトコース中心の配球となる。バントが苦手な左バッターには代打も選択肢のひとつとなる。

Softball tactics

39 無死3塁

> チャンスは3回あると考えて、ムリはしない

　無死3塁は、攻撃側と守備側にさまざまな駆け引きがあるケースだ。攻撃側からすると、チャンスは3回あるので無理はしなくてもよい。守備側はそれを見越して、極端な前進守備を敷かないという選択肢もある。それを逆手にとって、下がり気味の守備を利用して、強引にホームを狙うということもできる。監督はランナーにはどういう打球で走るのか、自重するのかを明確に指示しないと中途半端になってしまう。

　それを踏まえたうえで、攻撃側の戦術はヒットエンドランが有効だ。その他、犠牲フライを狙った飛球やスクイズなども考えられる。

守備との駆け引きのなかで得点を奪う

守備位置を確認

3R 本塁突入を考えつつ無理はしない。

B セカンド方向に打ちたい。

⚠ まずはココを押さえる！
相手の守備をよく見る
基本的には前進守備を敷いてくるが、3塁ランナーが無理してこないと定位置で守ることもある。まずは守備位置をよく見ることが大切だ。バッターが転がした場合、ランナーはゴロ&ゴーでスタートを切るか、切らないのか確認をしておかなければならない。できればセカンド方向に打ちたい。

〔選択可能な攻撃戦術〕

✓ ヒッティング	送りバント
✓ セーフティバント	✓ プッシュバント
✓ スラップバッティング	スチール
ダブルスチール	ディレイドスチール
✓ ヒットエンドラン	ランエンドヒット
バントエンドラン	✓ スクイズ
✓ 右打ち	ゴロ打ち
✓ ゴロGO	✓ 犠牲フライ

第4章 状況別戦術

犠牲フライ

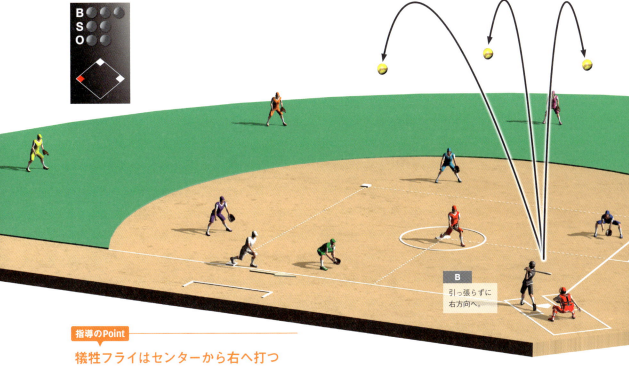

指導のPoint
犠牲フライはセンターから右へ打つ

大きなフライを打てば、犠牲フライで1点の場面。右バッターなら引っ張りたいところだが、インコース高目は体が開いて、サードフライ、ショートフライといった失敗が多い。狙い球を絞って、センターから右を狙う。

指導のPoint
左バッターのピックオフに注意

左バッターの場合、キャッチャーは3塁へ送球しやすい。ランナーはピックオフに注意する。逆に右バッターならキャッチャーは送球しにくいので、やや大きく飛び出せる。ただしショートが視界の外からベースカバーに入ってくるのは気をつけなければならない。

Softball tactics 119

40 無死1、2塁

送りバントの精度がカギになる

　同じ無死でもランナーが1人と2人では攻撃の狙いが変わってくる。ランナー1塁のときは、単純な送りバントよりも、アウトカウントを増やさずに進塁させることも大事なポイントだった。しかし1、2塁となると、確実に送りバントをして、一死2、3塁とすれば十分である。注意したいのは、3塁までは送球距離が短いということ。しかもフォースアウトになるので、送りバントの精度が高くないと、3塁で刺されてしまう。

　また単純なゴロでは、3塁へ送球されて進塁できないことがある。転がす方向や強さに工夫が必要となる。

送りバントで確実に一死2、3塁をつくる

2、3塁をつくるための戦術は送りバント、右打ち、プッシュバントがある。

まずはココを押さえる！
セカンドの動きでヒットゾーンが変わる

守備側は2塁ランナーを3塁で刺したいと考えるため、ショートは3塁ベースカバーを優先する。一方でセカンドはキャッチャーからのピックオフの場合は2塁を優先する。1塁を優先するかどうかは、守備側チームの考え方次第になる。そこでコースを狙ってヒットを狙うなら、セカンドの動きや守備体系をよく見ることが大切だ。

〔選択可能な攻撃戦術〕

✓ ヒッティング	✓ 送りバント
✓ セーフティバント	✓ プッシュバント
✓ スラップバッティング	✓ スチール
✓ ダブルスチール	✓ ディレイドスチール
✓ ヒットエンドラン	✓ ランエンドヒット
✓ バントエンドラン	スクイズ
✓ 右打ち	✓ ゴロ打ち
ゴロGO	犠牲フライ

第4章　状況別戦術

バントの狙いどころ

指導のPoint
プレッシャーが強いときはエンドランも

守備のプレッシャーが強く、ピッチャーにライズボールがないときはバントエンドラン、ヒットエンドランもできる。ただし絶対に打ち上げないこと。フライと空振りは絶対NG。

指導のPoint
基本はピッチャー前に転がす

送りバント❶をサードに捕られると3塁でフォースアウトになるため、ただ転がすだけでは成功させられない状況だ。基本はファーストとサードが捕れないピッチャー前を狙う❷。ただし、強すぎるとピッチャーに3塁でアウトにされてしまう❸。次はキャッチャーとファーストの間❹。ファーストは順手の捕球なら体を反転する分だけ送球が遅れるが、バックハンドで捕られると危険だ❺。1塁ライン際を狙いたい。

ダブルスチールを仕掛ける

▶ ワンランクアップを目指す！
右バッターのアウトコースが読めたら狙い目

バッターに打力がないと、守備側はほぼ送りバントだと考えて、思い切って前進してくる。そんなときは意外性のあるダブルスチールも有効だ。特にキャッチャーが送球しにくい右バッターのアウトコースが読めたときが狙い目だ。

指導のPoint
バッターがスチールを援護する

バッターがダブルスチールを援護する方法はいくつかある。バントの構えから①そのまま空振りする②バットを引いてスイングして空振りする——など。3塁ベースカバーのショートのスタートが少しでも遅れるとダブルスチールの成功の確率は上がる。

Softball tactics　121

41 無死1、3塁

▶ ダブルスチールを軸にさまざまな戦術がある

攻撃側にとっては、これ以上ないほどのビッグチャンスだ。最低でも1点、うまくいけば大量点の足掛かりになる。普段からケースバッティングなどで得点パターンを増やしておきたい。

バッターにかかわらず得点を狙うなら、ダブルスチールが威力を発揮する。2塁へ送球する間に、3塁ランナーが生還できる。そこで1塁ランナーは無視して、3塁ランナーだけに絞って守るチームも多い。自動的に2、3塁となり、ワンヒットで複数得点もある。どちらにしてもビッグチャンスだ。ただしレベルが上がるほど、どちらもしっかりと守ってくる。その対策も立てておくこと。

大量点、チャンス拡大を狙う

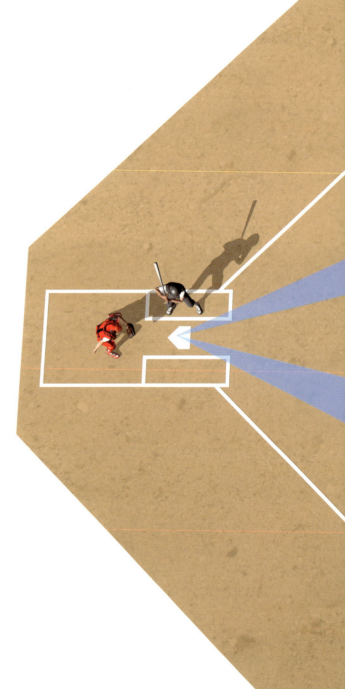

⚠ まずはココを押さえる！

一二塁間、三遊間にヒットゾーン

1塁ランナーにスタートさせれば、セカンドかショートがベースカバーに入る。動くのが早ければ、一二塁間か、三遊間にヒットゾーンができる。ただしショートだけが入るチームもあれば、1球ごとに変えてくるチームもあるので、見極めなければならない。

〔選択可能な攻撃戦術〕

✓ ヒッティング	送りバント
セーフティバント	プッシュバント
スラップバッティング	✓ スチール
✓ ダブルスチール	ディレイドスチール
✓ ヒットエンドラン	ランエンドヒット
バントエンドラン	スクイズ
✓ 右打ち	ゴロ打ち
✓ ゴロGO	✓ 犠牲フライ

41 無死1、3塁

キャッチャーからの送球に注意

SS 2塁ベースカバー。

2B 2塁の前でカット。

ダブルスチールの注意点

指導のPoint
セカンドとショートが縦に入る

レベルが上がると、ショートが2塁ベースに入り、セカンドはベースとピッチャーサークルの間に移動するようになる。これはダブルスチールを警戒しているということ。3塁ランナーが走れば、セカンドがカットしてホームへ返球。走らなければセカンドはスルーしてショートがランナーを刺す。3塁ランナーが引っかかってしまうと、一死2塁という平凡なシチュエーションになってしまうので注意する。

第4章　状況別戦術

ダブルスチールのチャンス

SS 2塁のベースカバーに入る。

2B ベースカバーに入らない。

相手の動きを探る

指導のPoint
初球の守備の動きを見る

前進守備かどうかは投球前に確認できる。投球後にどう動くか見たいときには、初球はバッターに「待て」をさせて、1塁ランナーにスタートするふりをさせてみる。セカンドが動かずに、ショートだけが2塁ベースカバーに動いたら、1塁ランナーを優先して刺そうとしていることがわかる。ただしショートが強肩の場合は注意が必要となる。また、キャッチャーが3塁ランナーをチェックしたかどうかも同時に確認したい。

指導のPoint
初球を見ることの メリットとデメリット

初球を見逃して相手の守備体系を見極めることには、メリットとデメリットがある。もしも1塁ランナーを無視するチームなら、高い確率でファーストストライクを入れるため、みすみす1ストライクを取られることになる。いずれにしても相手チームの守備の動きをわかってプレーすること。

Softball tactics　125

得点差やバッターなど状況に応じて攻撃を考える

状況 打順は下位だが得点差があるので大量点を狙いたい

戦術 スクイズ＆ランで守備をかく乱する

　無死1、3塁のチャンス。得点差があるので2人のランナーを返すだけでなく、さらに大量点を奪いたい。しかし、打線は下位。チャンスを拡大しつつ、上位打線につなげていくことが大事になる、という場面を想定する。

　1塁ランナーにスタートを切らせて、ダブルスチールと見せかける。バッターは早めのバントの構えから一度戻し、その後スクイズを決める。これがうまくいけば守備をかく乱することができる。スクイズの方向としては1塁方向に転がし、ファーストに捕らせる。スチールによりセカンドは2塁ベースカバーに動いているため、1塁ベースカバーはいない。成功すれば1点取ってなお無死1、2塁。バントがよければ3塁ランナーは本塁を狙うが、難しいと思ったらストップして無死満塁でも十分だ。

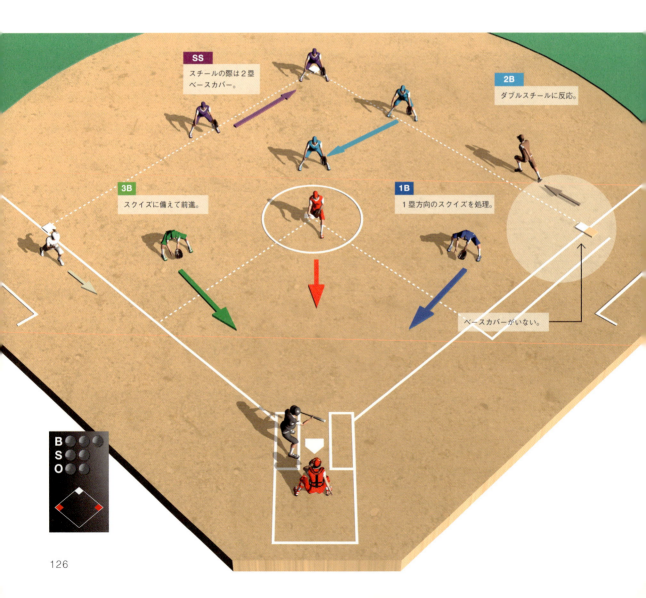

| 状況 | 打力のあるバッターなので打たせて得点、チャンス拡大したい |

| 戦術 | ヒッティングをベースに置いた犠牲フライ |

　無死1、3塁はさまざまな戦術を使える場面ではあるが、ミートがうまく、パワーがあるバッターならヒッティングを優先させる。最低でも犠牲フライを打つことができる力がほしい。この場合は、早い段階で1塁ランナーを2塁に進めておけるのが理想。センターから右方向に犠牲フライを打てれば、1点を取ってなお一死3塁というチャンスが続く。

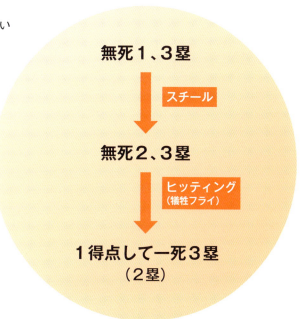

| 状況 | 1点勝負の終盤 |

| 戦術 | ファーストストライクを狙ってエンドラン |

　1点差の試合終盤になると、とにかく3塁ランナーをかえさないことを重視し、1塁ランナーを無視して守ってくるチームもある。1塁ランナーのスチールは気にしないので、カウントをよくするために最初からストライクを取ってくる。こうした状況が考えられる場合は、その初球を狙ってヒットエンドランやスクイズを仕掛ける。1点勝負の終盤には有効な戦術だ。初球にボール球で外してくるバッテリーに対しては注意する。

42 無死2、3塁

● ヒッティングを基本にして、ゴロで得点を狙う

　長打が2本続いて2、3塁になることは少ないが、1、2塁からのスチールで、このケースになることは多い。まだ無死ということを考えると、リスクの高いことを仕掛ける必要はない。スクイズでフライを上げてしまってダブルプレーというのがもっとも怖い。そこでまずはヒッティングでかえすことを優先するのが一般的だ。

　もちろんこれは相手投手との力関係や試合展開にもよる。なんとしても1点を取りたいのなら、ヒットエンドランやスクイズを2回続けて仕掛けることもあるだろう。すべてを総合的に考えて戦術を練るようにすること。

得点して、一死3塁が理想

⚠ まずはココを押さえる！
ライナーゲッツーに注意

サードやショートの正面にライナーが飛んで、3塁ランナーが飛び出していると戻れない。特に引っ張って強い打球を打つタイプの右バッターは注意したい。犠牲フライ狙いのときも、引っ張りを意識しすぎると内野フライを打ち上げやすくなってしまうので、打球の意識はセンター方向に置くようにする。

指導のPoint
ゴロはすべてGO

バッターは高いバウンドでセンターから右方向にゴロを打ちたい。ゴロが転がったらランナーはすべてGOでいい。3塁ランナーが挟まれたときは、ランダウンプレーを長引かせる。その間に2、3塁にできればいい。これはバッターがアウトになるのと同じこと。それなら3塁ランナーに勝負させたほうがいいということになるのだ。

指導のPoint
ヒッティングのときのポイント

普通に打たせるときは、コースをベルトから上に絞る。外野フライを打ちやすいためだ。右方向への犠牲フライで1点を取ったら、2塁ランナーも3塁へ進んで、さらに一死3塁を残したい。

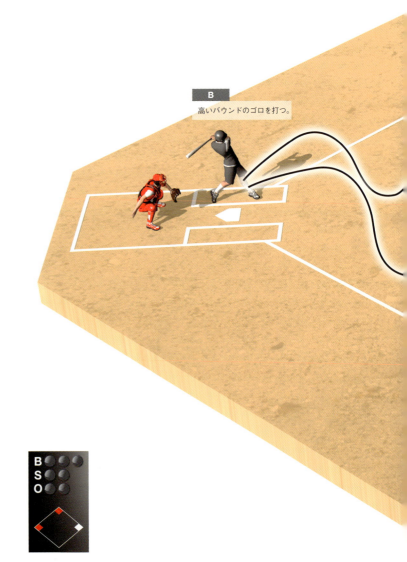

B　高いバウンドのゴロを打つ。

第4章 状況別戦術

〔選択可能な攻撃戦術〕

✓ ヒッティング	送りバント
✓ セーフティバント	✓ プッシュバント
✓ スラップバッティング	スチール
ダブルスチール	ディレイドスチール
✓ ヒットエンドラン	✓ ランエンドヒット
✓ バントエンドラン	✓ スクイズ
✓ 右打ち	✓ ゴロ打ち
✓ ゴロGO	✓ 犠牲フライ

3R ゴロなら本塁へGO。

2R ゴロなら3塁へ。

▶ ワンランクアップを目指す！
セカンドとショートへ弱いゴロを打つ

3塁ランナーはゴロでスタートを切るので、セカンドやショートへ弱いゴロが転がれば、高い確率で生還できる。なお一死3塁のチャンスが続く。特にセカンド、ショートが左の打球を処理するときは、本塁に背を向ける形になるため、3塁ランナーはスタートを切りやすい。

Softball tactics 129

43 無死満塁

▶ 高いバウンドのゴロを打つ

攻撃側のビッグチャンスのようだが、実際は点が入らないことが多いケースだ。フォースアウトがあるのが最大の理由だ。そのため、本塁〜1塁間のダブルプレーが怖いので、スクイズやエンドランも仕掛けにくいシチュエーションだ。

ライナーでランナーが飛び出してしまうと、トリプルプレーもある。バッターは絶対にゴロを打つのが鉄則だ。ただしありきたりのゴロでは、本塁のフォースアウトで3塁ランナーは生還できない。ライナーゲッツーとのリスクを天秤にかけたとき、ランナーにはスタートを切らせるのか、切らせないのか選択肢があることを知っておきたい。

ビッグチャンスを確実にいかす

⚠ まずはココを押さえる！
野手の間を抜くか、高いバウンドのゴロを打つ

守備側は極端なバントシフトでなくても本塁は刺せるので、オーソドックスな前進守備を敷いてくる。バッターはまずはゴロで野手の間を抜くことを狙う。ヒットを打つのが難しいなら、高いバウンドのゴロを打って、捕球までの時間をかせぐ。ボールが落ちてくる前に3塁ランナーが生還できれば成功だ。

指導のPoint
打球を見てからスタートを切る

野手の正面へライナーが飛ぶとダブルプレーになる。そこでランナーはスタートを慌てないこと。スクイズのときも、1、2塁ランナーはスタートを切らせない。トリプルプレーもあるからだ。

B
低目、近めは打たない。

ベルトより上を打つ

指導のPoint
打力があれば外野フライを狙う

外野へ飛ばす力があるなら、犠牲フライでもいい。低目、近めを強振してピッチャー、ファースト、サードへのゴロになるとダブルプレーになりやすい。フライを打ちやすい、ベルトより上だけにコースを絞る。

第4章　状況別戦術

〔選択可能な攻撃戦術〕

✓ ヒッティング	送りバント
セーフティバント	プッシュバント
✓ スラップバッティング	スチール
ダブルスチール	ディレイドスチール
ヒットエンドラン	ランエンドヒット
バントエンドラン	✓ スクイズ
✓ 右打ち	ゴロ打ち
ゴロGO	✓ 犠牲フライ

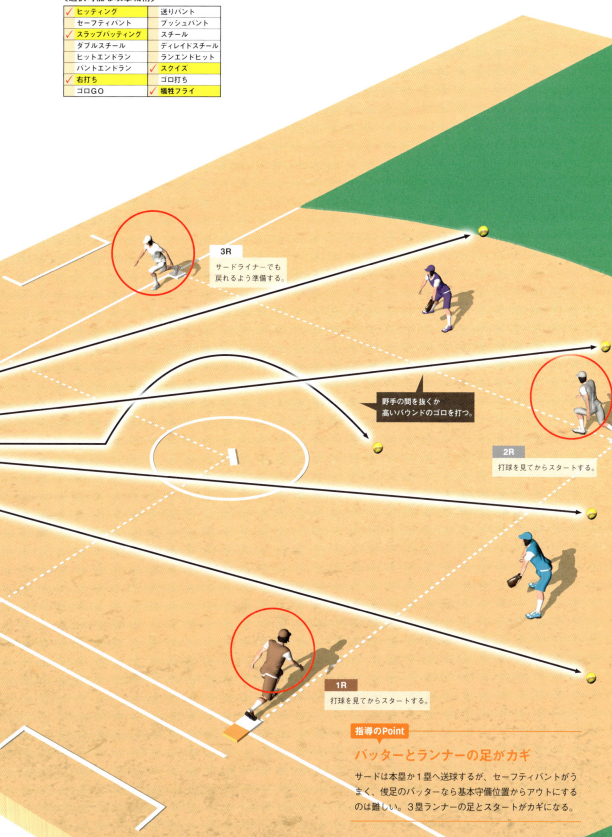

3R サードライナーでも戻れるよう準備する。

野手の間を抜くか高いバウンドのゴロを打つ。

2R 打球を見てからスタートする。

1R 打球を見てからスタートする。

指導のPoint
バッターとランナーの足がカギ

サードは本塁か1塁へ送球するが、セーフティバントがうまく、俊足のバッターなら基本守備位置からアウトにするのは難しい。3塁ランナーの足とスタートがカギになる。

44 一死2塁

▶ 最低でも2塁ランナーを3塁へ進める

　得点圏に走者はいるものの、一死のため守備側はバッターに集中して、オーソドックスにバランスよく守ることが多い。そうなると必然的に攻撃側もヒッティングが多くなる。ワンヒットでかえせなくても、一死のまま1、3塁にするのが理想。最低でも2塁ランナーを進めて、二死3塁にしたい。

　2塁ランナーの離塁をあえて大きく見せて、ピックオフをさせる。送球したらディレイドスチールというのは有効だ。スチールとセーフティバントを組み合わせる、という戦術もある。2塁ランナーは1本のヒットで本塁にかえりたい。

得点、もしくはチャンス拡大

指導のPoint
ショートのポジションを見る

バッターが俊足小技系なら、サードは基本ポジションよりもやや前を警戒しているはず。そうなるとスチールのベースカバーのために、ショートは3塁ベースに寄る。ヒッティングはピッチャーの足元やセンター方向を狙う。

〔選択可能な攻撃戦術〕

✓ ヒッティング	✓ 送りバント
✓ セーフティバント	✓ プッシュバント
✓ スラップバッティング	✓ スチール
ダブルスチール	✓ ディレイドスチール
✓ ヒットエンドラン	✓ ランエンドヒット
✓ バントエンドラン	スクイズ
✓ 右打ち	✓ ゴロ打ち
ゴロGO	犠牲フライ

まずはココを押さえる！
対ピッチャーに集中する

守備が基本ポジションに近いので、純粋にピッチャー対バッターの勝負になりやすい。バッターもランナーも対ピッチャーに集中して、自分の力を出し切ることを考える。

ワンランクアップを目指す！
スチールとセーフティバントで揺さぶる

スチールを狙うなら、サードがベースカバーに入ろうとしているときがいい。バッターはギリギリのタイミングでセーフティバントの構えを見せて、サードを慌てて前進させる。サードが入ろうとしていたため、ショートのベースカバーが遅れるはずだ。もしサードが出てこなければ、セーフティバントを決行して、大量得点のチャンスとなる。

第4章 状況別戦術

45 一死3塁

攻撃の選択肢は豊富で、なんでもできる

　スクイズ、エンドラン、ゴロ打ち、犠牲フライなど攻撃の選択肢は豊富だ。ただし一死なので、ヒット以外で得点を狙うならワンチャンス。それがバッターの思い切りの良さにつながれば、よい結果になることも多い。

　何を狙うかは、ベンチの考え方、チームカラーによる。監督は選手同士の技量を見極めて、バッターとランナーに明確に指示しておく。ゴロでスタートを切らせるかどうかは最たる例だが、本塁はタッチプレーになるため、思い切って狙うのも手だ。いずれにしてもバッターとランナーの得意とする攻撃で仕掛けたい。

3塁ランナーを確実に生還させる

B ヒッティング。

3R 前進守備でなければ迷わずGO。

守備体系を見て得点に繋がる攻撃をする。

〔選択可能な攻撃戦術〕

✓ ヒッティング	送りバント
✓ セーフティバント	✓ プッシュバント
✓ スラップバッティング	スチール
ダブルスチール	✓ ディレイドスチール
✓ ヒットエンドラン	✓ ランエンドヒット
✓ バントエンドラン	✓ スクイズ
✓ 右打ち	✓ ゴロ打ち
✓ ゴロGO	✓ 犠牲フライ

⚠ まずはココを押さえる！
基本ポジションと前進守備を見極める

試合の状況によって、相手守備は1点を死守するのか、確実に1塁でアウトカウントを増やそうとするのかが変わってくる。まずは守備がどのようなポジショニングをしているのかを、よく見極める必要がある。

指導のPoint
代走や代打で得意パターンを狙う

選択肢が多いとはいっても、なんにでも対応できるランナーやバッターばかりではない。狙いたい戦術に合わないなら、代走や代打で、成功率を上げることも考える。スペシャリストなら狙いが明確になり、思い切りも出る。ランナー3塁からの得点パターンはいくつか持っていたい。控え選手の力量も大きな戦力となる。

46 一死1、3塁

▶ 2、3塁をつくるか、直接得点を狙うか

　1、3塁は本塁のフォースアウトがないため、攻撃戦術を立てやすく、満塁よりも得点になりやすいシチュエーションだ。無死1、3塁とほぼ同じ戦術で対応できる。問題は1塁ランナーをどう考えるか。このままだと2塁～1塁間のダブルプレーが心配だ。かといってダブルスチールを仕掛けてうまく守られると、二死3塁となって、3塁ランナーをかえすチャンスが減ってしまう。

　アウトカウントは1つ多いが、無死1、3塁と同様に、スクイズの構えを見せたり、3塁ランナーが同時に飛び出すなど、1塁ランナーを助ける工夫が必要となる。

1塁ランナーがスチールし、2、3塁の状況をつくる

⚠ まずはココを押さえる！
どちらを重視して守っているか

攻撃側にとってビッグチャンスだが、ダブルプレーでは得点にならない。このため守備側は3塁ランナーに生還されるリスクを負って、基本ポジションでダブルプレーを狙うことも考えられる。まずは内野がどのように守ろうとしているのか、ポジションを確認することが大切だ。

B　スクイズの構えだけを見せて見逃す。

▶ ワンランクアップを目指す！
ダミーのスクイズでスチールを助ける

1塁ランナーのスチールを助けるために、バッターがスクイズの構えを見せるのは有効だ。セカンドは1塁のベースカバーに入るため、2塁ベースにはショートだけしか入れない。キャッチャーからショートに送球したら、3塁ランナーに本塁を狙わせる。ショートは反転してからになるため時間がかかり、セーフになる可能性が高い。

〔選択可能な攻撃戦術〕

✓ ヒッティング	送りバント
✓ セーフティバント	プッシュバント
スラップバッティング	✓ スチール
✓ ダブルスチール	✓ ディレイドスチール
✓ ヒットエンドラン	✓ ランエンドヒット
✓ バントエンドラン	スクイズ
✓ 右打ち	✓ ゴロ打ち
✓ ゴロGO	✓ 犠牲フライ

第4章 状況別戦術

指導のPoint

3塁ランナーがスタートを切り、助ける

1塁ランナーがスチールをしたとき、同時に3塁ランナーも飛び出す。バッターはスクイズの構えだけを見せて見逃す。3塁ランナーが出ているので、キャッチャーは2塁へ投げられない。サードがスクイズに備えて前進するため、3塁へも投げられない。ただしショートの動きには注意して、3塁へのピックオフに引っかからないようにすること。

3R スタートの構えを見せて1塁ランナーを助ける。

SS 2塁ベースのカバー。

2B ダブルスチールを警戒。

スチール

1R スチールで2塁を狙う。

Softball tactics

47 一死2、3塁

> ベンチからのサインが8割以上あるチャンス！
> サインを確実に見る

　ランナー2、3塁は絶好のチャンスだが、一死のため、仕掛けて得点するチャンスは1回だけ。この状況で何ができるかは、チーム力が問われる。
　バッターによってはヒッティングをさせて、その結果3塁ランナーが生還する確率が高い場合もある。ただしこのときは左バッターよりも右バッターのほうが右方向へ打ちやすいので有利。左バッターなら右の代打もひとつの選択肢だ。高いバウンドのゴロを打てば、3塁ランナー生還の時間がかせげる。3塁ランナーがアウトになっても、1、3塁が残るのが一死3塁との違い。ゴロはすべてGOでいい。

バッターを助ける3塁ランナーの走塁技術

まずはココを押さえる！
ゴロ打球の狙いは右方向

セカンド右側に打って捕球させれば、本塁へは体を切り返してからの送球になるため、3塁ランナーが生還する時間をかせげる。センター方向のショートゴロも同じだ。重要なことは、いつでも3塁ランナーはゴロ打球に対して、打球と内野手の捕球体勢を見て的確な判断をすること。好判断ができれば、内野ゴロでも得点することができる。その結果、バッターの凡打を助けてあげることができるのだ。

B 右方向を意識して打つ。

指導のPoint
右方向へ高いバウンドを打つ

高いバウンドの打球を打てれば、落ちてくるまでに時間がかかり、3塁ランナーが生還できる。ドロップはボールの軌道に合わせてバットを出すようにする。逆にライズボールは打ち上げやすいので注意が必要だ。

ワンランクアップを目指す！
ランナーに背を向ける捕球をさせる

セカンドやショートに打球が飛んだとき、ランナーに背中を向ける姿勢になっていれば、3塁ランナーが生還しやすい。つまりセカンドなら1塁側、ショートなら2塁側。バックホームのためには、体を反転しなければならない。

〔選択可能な攻撃戦術〕

✓	ヒッティング		送りバント
✓	セーフティバント	✓	プッシュバント
✓	スラップバッティング		スチール
	ダブルスチール		ディレイドスチール
✓	ヒットエンドラン	✓	ランエンドヒット
✓	バントエンドラン		スクイズ
✓	右打ち	✓	ゴロ打ち
✓	ゴロGO	✓	犠牲フライ

第4章 状況別戦術

指導のPoint

3塁ランナーは簡単にアウトにならない

ゴロなら3塁ランナーは本塁を狙うが、間に合わないと判断したらそのまま突っ込むのではなく、三本間ではさまれてランダウンプレーに持ち込む。その間に2塁ランナーは3塁に進み、バッターランナーが2塁に進めば、最悪でも二死2、3塁から次の攻撃ができる。

3R
すべてのゴロ打球でスタートを切れる準備。

2R
ゴロならスタート。

point of view
別角度からの視点

反転してからの送球になる

Softball tactics 137

48 一死満塁

ピッチャーゴロは絶対に避ける

バッターが絶対に打ってはいけないのは、ピッチャー正面のゴロ。転がった瞬間に、本塁～1塁間でダブルプレーが確定、といえるほど致命的なバッティングだ。左バッターのファーストゴロ、右バッターのサードゴロも同様に避けなければならない。

満塁は攻撃側にとっては仕掛けにくい、サインを出しにくいケースである。バッテリーランナーは2、3塁で無理せずきわどいところで勝負して、結果的に四球で満塁にすることもあるほど。レベルが上がるとあまりないが、四球からの切りかえがうまくないピッチャーは、カウントを悪くして押し出しもある。選球眼を研ぎ澄まそう。状況を見極めた打席にすることが大事。

明確な狙いを決めて勝負する

B 選球眼を研ぎ澄ます。

⚠ まずはココを押さえる！
低目の球や落ちるボールを打たされない

ファーストとサードは本塁～1塁のダブルプレーを狙ってくる。セカンドとショートは2塁～1塁でもダブルプレーになるので、中間守備を基本として守ることが多い。配球はゴロを打たせるために、低目の球や落ちるボールが多くなる。ヒッティングのときには内野手の正面のゴロは打たないように注意する。

〔選択可能な攻撃戦術〕

✓ ヒッティング	送りバント
✓ セーフティバント	✓ プッシュバント
✓ スラップバッティング	スチール
ダブルスチール	ディレイドスチール
✓ ヒットエンドラン	✓ ランエンドヒット
✓ バントエンドラン	スクイズ
✓ 右打ち	✓ ゴロ打ち
✓ ゴロGO	✓ 犠牲フライ

第4章 状況別戦術

指導のPoint
揺さぶってボールを先行させる
スクイズのポーズをしたり、ヒットエンドランのそぶりをして、ピッチャーに揺さぶりをかける。最初にボールが2つ先行すれば、ピッチャーの頭には押し出しが頭をよぎる。次はストライクを取るしかなくなるため、甘いボールもあり得る。コースを絞って思い切って振っていく。

指導のPoint
狙い球と警戒球を明確に
この場面で打席に入るバッターには、積極的な姿勢で狙ったボールを一振りで決める集中力がほしい。中途半端な打撃にならないように、狙い球と警戒球を明確にして整理して打席に入ること。

3R ゴロなら本塁へ。

ストライク

2R ゴロならスタート。

1R ゴロならスタート。いいスタートを切ってダブルプレーは避けたい。

▶ ワンランクアップを目指す！
バッターはストライクヒッティング
四球を出したくないピッチャーは、ストライクを先行させたいため、早いカウントから遊び球を投げる余裕はない。ストライクエンドランといって、ランナーから見てストライクと確認できた瞬間にスタートを切り、バッターは打っていくという高度な戦術もある。

Softball tactics

49 二死からの攻撃戦術

> 二死でも簡単に終わらない姿勢が後々に生きる

　二死までくると、守備側にとって、ランナーはほとんど関係なくなる。バッテリーはバッターとの勝負に集中してくる。攻撃側もリスクを冒して何かを仕掛けるよりも、バッターに打つことに集中させたほうがよい結果を生むことが多い。

　しかしランナーがいると、投球や、送球が乱れて棚ぼたで得点というケースなど、守備側に思わぬミスが起きることがある。だれもが走ってこないだろうと思っているからこそ、突然のスチールに慌ててしまうこともある。戦術というよりは、いかなるスキも見逃さない姿勢をチーム全員が持ちたい。

二死からの攻撃の考え方

まずはココを押さえる！
打順の巡り合わせが変わる
二死からでも出塁することは無駄ではない。7イニング、さらには延長まで視野に入れたとき、打順の巡り合わせが変わってくるからだ。何より3回より4回、5回打席に立てれば、それだけヒットが出るチャンスが増えるということ。さらにピッチャーの球数が増えることも見逃せない。

B クリーンアップならフルスイングしてみる。

指導のPoint
クリーンアップなら一発を狙ってみる
二死ランナーなし。打席には五番。たとえシングルヒットが出たとしても、そこからチャンスが広がる可能性は高くない。そんなときはライズボール一本に絞って、細かいことは考えずフルスイングする。外野を破る長打なら、一気に得点圏のチャンスに。フルスイングを嫌がる相手から四球を選んだとしたら、シングルヒットよりも相手に精神的ダメージを与えられる。

ワンランクアップを目指す！
九番の出塁で相手へのダメージは大きい
二死ランナーなしで九番バッターが打席に入る。相手チームは、ここで攻撃を切って当たり前と考える。もしシングルヒットや四球を許したら、次は一番バッターで、嫌な流れになるはず。下位打線だからとその回の攻撃を諦めず、全力で出塁を目指す姿勢が大切だ。

第4章 状況別戦術

50 二死1塁

相手の油断を突いてチャンスを広げる

　二死1塁になるまでの流れはさまざまある。主な2つの例を挙げると、二死走者なしから出塁したときと、無死1塁から二死までできたとき。守備側の気持ちになってみると、前者は集中し直そうと気持ちを引き締めるが、後者は反対に気持ちが緩みがち。この微妙な心理を突くことは、より高度な戦術的発想だ。

　二死1塁で長打により1塁ランナーが一気に本塁へかえる攻撃ができれば、相手チームのダメージも大きい。1塁ランナーは全力で本塁を駆け抜けたい。

相手のスキを突くスチール

⚠ まずはココを押さえる！
二死までこぎつけて守備が安心する

無死で1塁にランナーが出たが、二死まで進塁させることもできなかったとする。守備側には安ど感が漂い、攻撃側は落胆しがちな場面だ。だからこそこの心理の隙間を突いて、思い切った攻撃を仕掛ける。

指導のPoint
1塁ランナーがスチールする

無警戒な相手のスキを突いて1塁ランナーがスチールをする。準備ができていないと、2塁ベースカバーが遅れたり、キャッチャーの送球が逸れたりする。盗塁成功の可能性はある。ランナーはギリギリまで走ることを悟られないようにする。またあまり足の速くないランナーなら、意外性も高い。

▶ ワンランクアップを目指す！
送球を弾けば3塁進塁でチャンス

ベースカバーしたセカンドやショートがボールを弾けば、一気に3塁への進塁も可能だ。二死1塁が二死3塁になるのだから、守備は一転してひとつのミスも許されない状況に追い込まれる。守備側の焦りは増し、攻撃側は盛り上がるはずだ。

point of view
別角度からの視点

一気に3塁への進塁も可能。

Softball tactics

51 二死1、3塁

▶ 1人をおとりにして得点を奪う

ランナーが2人いる場合には、後ろにいるランナーのスチールをおとりにして、先にいるランナーの生還を狙うこともできる。1、3塁が狙いやすいケースだ。1塁ランナーをスタートさせて、2塁へ送球させたり、挟まれたりして、3塁ランナーが本塁を狙う。

2、3塁でも応用が可能。まず2塁ランナーが飛び出して、ピックオフプレーを誘う。ランナーは慌てて戻らずに、挟まれるのがポイントだ。連係の甘いチームだと、ランダウンプレーの間に3塁ランナーの生還が狙える。ランダウンプレーの際のランナーの動きを練習しておく必要がある。

走塁技術を駆使して得点を狙う

⚠ まずはココを押さえる！
少し遅れ気味にスタートする

1塁ランナーのスタートがいいと、キャッチャーは2塁へ送球しない。守備側にとって、2、3塁になったとしてもほとんど変わりなく、バッター勝負でよいと考えるはず。遅れ気味でスタートし、2塁で確実に刺せると思わせる。

指導のPoint
あえて1、2塁間で挟まれる

1塁ランナーのスタートを遅らせるどころか、1、2塁間で挟まれてしまうという方法もある。バッター勝負を徹底していれば、キャッチャーがピッチャーに返せば、ランナーは戻るか進むかしなければならないが、キャッチャーが慌てて2塁へ送球することもある。

指導のPoint
ランダウンプレーの間に生還

1、2塁間でランダウンプレーになる。連係がうまいチームだと1～2回の交換でアウトにされてしまう。これでは3塁ランナーがスタートしても得点にはならない。ランダウンプレーを長引かせて3塁ランナーが先に生還できれば得点できる。本塁へ送球した場合にも、3塁ランナーの足との競争になる。

第4章　状況別戦術

52 二死3塁

意表を突いたセーフティバントを仕掛ける

　二死3塁なので、守備側はバッターをアウトにすればよく、ファーストもサードも下がって守るのがセオリーだ。それを狙って、サード前へのセーフティバントを狙ってみる。3塁ランナーもスタートを切って本塁を狙う。バントの強さにもよるが、バントをうまく転がせれば、ランナーがサードを追い越して、本塁がセーフになる。

　これは3塁ランナーとバッターが俊足で、セーフティバントができるという条件が必要だ。条件がそろわないと成功させるのは難しいが、練習しておくと、意表を突いた攻撃になる。

守備体系のスキを突く

まずはココを押さえる！

ファーストとサードがやや深い

二死のためファーストとサードがやや深く守っている。ここで打席に俊足のセーフティバントができるバッターが入ったら、思い切って狙うチャンスだ。ストライクを取ってくるだろうというタイミングで仕掛ける。

指導のPoint

次のバッターに繋ぐ攻撃を

バッターがセーフティバントをして次のバッターに繋ぐ攻撃。このとき、3塁ランナーは、本塁を狙う動きをして野手のプレーを遅らせる。得点差があるときはランナーを貯めたい。

指導のPoint

バッターとランナーの足がカギ

サードは本塁か1塁へ送球するが、セーフティバントがうまく、俊足のバッターなら基本守備位置からアウトにするのは難しい。3塁ランナーの足とスタートがカギになる。

福田五志 ふくだ・いつし

1956年生まれ。1997～99年、2007～16年とトヨタ自動車女子ソフトボール部レッドテリアーズの監督としてチームを指揮。日本リーグ通算205勝66敗の成績を残し、日本リーグ優勝5回、全日本総合選手権優勝4回と数々のタイトルを獲得した。17年に名誉監督に就任。15年にU24日本代表監督、16年にTOP日本代表監督も務めている。

デザイン・図版制作／黃川田洋志、井上菜奈美、石黒悠紀、藤本麻衣（有限会社ライトハウス）
編　　集／大久保亘
　　　　　佐久間一彦、長谷川創介（有限会社ライトハウス）

マルチアングル戦術図解
ソフトボールの戦い方

2018年11月30日　第1版第1刷発行

著　　者／福田五志
発 行 人／池田哲雄
発 行 所／株式会社ベースボール・マガジン社
　　　　　〒103-8482
　　　　　東京都中央区日本橋浜町2-61-9　TIE浜町ビル
　　　　　電話　　　03-5643-3930（販売部）
　　　　　　　　　　03-5643-3885（出版部）
　　　　　振替口座　00180-6-46620
　　　　　http://www.bbm-japan.com/

印刷・製本／広研印刷株式会社
©Itsushi Fukuda 2018
Printed in Japan
ISBN978-4-583-11154-4　C2075

＊定価はカバーに表示してあります。
＊本書の文章、写真、図版の無断転載を禁じます。
＊本書を無断で複製する行為（コピー、スキャン、デジタルデータ化など）は、私的使用のための複製など著作権法上の限られた例外を除き、禁じられています。業務上使用する目的で上記行為を行うことは、使用範囲が内部に限られる場合であっても私的使用には該当せず、違法です。また、私的使用に該当する場合であっても、代行業者等の第三者に依頼して上記行為を行うことは違法となります。
＊落丁・乱丁が万一ございましたら、お取り替えいたします。